观复猫

我们的二十四节气

马未都 著

中信出版集团 | 北京

图书在版编目（CIP）数据

观复猫.我们的二十四节气 / 马未都著. -- 北京：
中信出版社，2019.5（2020.1重印）
ISBN 978-7-5217-0323-8

Ⅰ.①观… Ⅱ.①马… Ⅲ.①收藏—文化—中国—通俗读物 Ⅳ.①G262-49

中国版本图书馆CIP数据核字(2019)第056973号

观复猫：我们的二十四节气

著　　者：马未都
出版发行：中信出版集团股份有限公司
　　　　　（北京市朝阳区惠新东街甲4号富盛大厦2座　邮编　100029）
承　印　者：鸿博昊天科技有限公司

开　　本：889mm×1194mm　1/24　　印　　张：8.75　　字　　数：90千字
版　　次：2019年5月第1版　　　　　印　　次：2020年1月第3次印刷
广告经营许可证：京朝工商广字第8087号
书　　号：ISBN 978–7–5217–0323–8
定　　价：58.00元

版权所有·侵权必究
如有印刷、装订问题，本公司负责调换。
服务热线：400-600-8099
投稿邮箱：author@citicpub.com

观复猫：我们的二十四节气

立秋 098
处暑 106
白露 114
秋分 122
寒露 130
霜降 138
立冬 146
小雪 154
大雪 162
冬至 170
小寒 178
大寒 186
后记 194

目录

序	VI
立春	002
雨水	010
惊蛰	018
春分	026
清明	034
谷雨	042
立夏	050
小满	058
芒种	066
夏至	074
小暑	082
大暑	090

序

春雨惊春清谷天，
夏满芒夏暑相连。
秋处露秋寒霜降，
冬雪雪冬小大寒。

《二十四节气歌》每一位中国人都应该会背，小时候拿出半天时间背诵，受益终生。把一年的物候分为二十四节，每节有气象，是中国自先秦以来总结出的生存理念。只要关注它，你就会觉得节气这东西特别神奇；每当交节之时，气候定会有所变化，老百姓称之为"交节变天"。

节气的产生与中国传统农耕社会紧密相关，中原大地、黄河长江流域的祖先们靠天吃饭，不观察天地不可以生存，所以物候的每一点小小的变化，都被古人记录在案并凝练为两个字，说明这一时刻的特性，继而演变成一种文化。

有的节气名称以文学标准而论，美不胜收。比如"惊蛰"，昆虫冬蛰土中，一声春雷惊醒，万象复苏；比如"小满"，夏熟作物灌浆，半浆半实小满，虚怀若谷；又比如"寒露"，大地寒气凝结，水露尚未成霜，风雨愁煞；再比如"大寒"，冰天雪地苍茫，寒气逼人造极，否极泰来。文学不仅赋予节气美感，还赋予我们对自然变化的认知与总结，所以就有了这本图文并茂的《观复猫：我们的二十四节气》。图者，既有镜头下的观复猫美照，又有画笔下

序

的观复猫古风；文者，既有观复猫生活小片段的记录，又有专业的文物介绍。所有这些，相映成趣，美不胜收。

观复猫作为观复博物馆的猫馆长，渐渐声名远播，那么它们更应该肩负一些重任，以它们的视角看待人类的文化成就。二十四节气显然是农耕文明的重中之重，是无形资产。有形资产则是与之相关的文物，书中挑选了二十四件文物，与节气有直接或间接关系，借观复猫馆长之口说明，凸显一份人文关怀，读之亲切。中国先人们为二十四节气积累了几千年，一季六节，一年四季，节节有变化，季季报平安。每当交节之时，不管你注意与否，物候都会悄悄变化，猫比人类对这个变化敏感，观复猫们更敏感，因此奉献出此书。

相信读者会有收获和乐趣。

是为序。

戊戌岁尾
乙亥新春

春木气始，万物萌发

立春

每年 2 月 3 日或 4 日，太阳黄经 315 度，是为立春。

立春，是二十四节气的开始，亦是四时之始，所谓"一年之计在于春"。元代《月令七十二候集解》中说："立春，正月节。立，始建也，五行之气往者过来者续于此，而春木之气始至，故谓之立也。"立，就是开始。

物候：一候东风解冻，二候蛰虫始振，三候鱼陟负冰。

在立春的节气里，东风变暖了，吹面不寒；蛰伏一冬的小虫们感知到温暖，开始蠢蠢欲动；水面的冰融化变薄，鱼儿上浮靠近冰面，看上去像是鱼背着冰在游。

《礼记·月令》记载周朝迎接"立春"的仪式如下：立春前三日，天子开始斋戒；立春当日，亲率三公九卿诸侯大夫到东方八里之郊迎春祈求丰收；回来之后赏赐群臣，布德令以施惠兆民。

万物苏萌山水醒，农家岁首又谋耕。歇了一冬的农民，自此又要开始新一年的播种，岁岁轮回，严格按照物候的安排。古时立春这天，官方会专门安排春官主持祭祀农神，祈求这一年国家风调雨顺，五谷丰登。

立春这天，人们会在家吃顿春饼或是春卷。《北平风俗类征·岁时》载："立春，富家食春饼，备酱熏及炉烧盐腌各肉，并各色炒菜，如菠菜、韭菜、豆芽菜、干粉、鸡蛋等，且以面粉烙薄饼卷而食之。"春卷过去还有个名字叫"探春蚕"。《岁时广记》记载："京师富贵人家造面蚕，名曰'探官蚕'。又因立春日做此，故又称'探春蚕'。"此外还有个简单而有趣的习俗：吃萝卜，名为"咬春"。

黄枪枪

马未都聊春天
春寒料峭

立春之时，春寒料峭，本以为该暖和起来的天气反而更加冷了，心中不觉生了几分埋怨。天寒身上总是发紧，颈椎也不舒服，加之这几天赶写稿子，灯下熬夜，看见脚下的猫个个酣睡如婴，心说我还不如猫呢。

人的苦都是自找的，我可以不去写稿，去澡堂子泡个澡，找个朋友聊个天儿，喝上二两热黄酒，再做个足底按摩，然后轰然倒头而睡，日子可以过得如猫一样，除去吃就是睡，再有就是看主人脸色讨个好，撒个娇。

可我如果是猫，我没有我的猫那样的好主人，那主人就是我和我的家人。经过我三四年不懈的努力，我的大福直至昨天才主动趴在我的双腿上打起呼噜，让我欣喜不止。我的猫都不让长抱，抱一分钟后就扭头观望，一副不情愿的样子。我觉得看书或看电视时，腿上趴着一只大猫特别惬意，特别像一个饱食终日、无所用心的老爷。可我的猫知我是操心操劳之命，与我不即不离，清醒地保持着距离。

就在昨天，它突然跳到我的腿上，一开始我以为我占了它的天地，后来发现它就是要趴在我腿上，表明它对我的信任。这年头，让一个人信任多不容易啊，让一个猫信任我都努力了三四年，何况人乎？

电视上天天说哪儿哪儿天寒地冻，气候恶劣。地球发脾气了，不随人意，本应春天来临，天气却一天冷似一天，我们知，猫却不知，我的养尊处优清高的大福、大贵向我献媚，让我开心地忘记病痛，过上一个舒心的春寒之日。

立春

万木沉酣新雨后,
百昌苏醒晓风前。
四时可爱唯春日,
一事能狂便少年。

——清末 王国维
《晓步》(节选)

立春

"白雪却嫌春色晚,故穿庭树作飞花。"(唐 韩愈《春雪》)黄枪枪站在一片迎春花下,喵爪接住飘落的雪花,嘴角含笑,喵比花娇。雪虽未化,但已有春意。黄枪枪曾有雪中美照,姿势娴雅,被毛厚重,黄尾拖曳雪中,增添了一抹亮色,似"雪里拖枪",十分应景。

黄枪枪落落大方,待人亲切,叫她的名字,必有回应,令人有如沐春风的温暖。作为观复猫的元老,黄枪枪见证着一次又一次的四季轮回、节气更替。度过寒冬,终于迎来了立春,枪枪可以肆意享受春天的美好,就像诗中所说:"四时可爱唯春日,一事能狂便少年。"

春是温暖的,饱含生机。立春给大地带来温暖、希望,此时阳光充足,白昼渐长,万物萌发。立春时最适合和黄枪枪一样,出去走走。憋了一个冬天,去户外呼吸新鲜空气,看看小草是否返青,柳树有无发芽,观赏漂亮的迎春花,忘记过去所有的烦恼,开始一个崭新的春天。

猫馆长的节气文物
青花牛纹杯

牛，在漫长的农业社会中起了非常重要的作用，为我们耕作、运输，总是任劳任怨。牛与立春也有联系，古人会在立春前一日塑造一只耕牛，到了立春这天，让男女老少用彩鞭鞭打，最后抬到县府，在大堂设酒供奉。这种祭祀方法称为"打春牛"。

崇祯一朝的瓷器，尤其青花瓷器变得自由，无拘无束，工艺也大幅度提高，此时的题材除大量的人物故事，动物纹也有极好的表现。观复博物馆藏明崇祯青花牛纹杯，青花设色雅致，飞虫草木均描绘精致。杯身绘出几只耕牛，牛角弯曲，身材健壮，腿足有力，或迈步昂首，或屈颈回望，似乎闻见了春天的气息。

立春　　○○9

明崇祯　青花牛纹杯
观复博物馆藏

东风解冻　散落为雨

雨水

每年 2 月 18 日至 20 日，太阳黄经为 330°，是为雨水。

二十四节气的雨水，顾名思义，此时天气渐暖，雨水增多，空气中也有湿润的气息。《月令七十二候集解》中说："正月中，天一生水。春始属木，然生木者必水也，故立春后继之雨水。且东风既解冻，则散而为雨矣。" 水是万物之源，而春的本质即生长、萌发，因此人们非常珍视雨水。

物候：一候獭祭鱼，二候鸿雁北，三候草木萌动。

雨水节气，水暖冰消。水獭生性喜欢捕鱼，吃不了也要把捕到的鱼堆积在水边，看上去就像摆供品举行祭祀，因此被形容为"獭祭鱼"；天气暖了，候鸟大雁应时飞回了；而受到雨水滋润的大自然中的植物，也开始萌动发芽。

此时的雨是轻柔的、细微的，悄悄地滋润万物。杜甫的《春夜喜雨》有云："好雨知时节，当春乃发生。随风潜入夜，润物细无声。"而此时萌芽的植物也是轻柔的、细微的。韩愈的《早春呈水部张十八员外》有云："天街小雨润如酥，草色遥看近却无。最是一年春好处，绝胜烟柳满皇都。" 这样的小雨和这样的景色，最能触动人心中最柔软的情感吧。

雨水对农作物的影响很大，农谚说"雨水有雨庄稼好"。在温暖的南方，雨水时节已经可以开始播种春耕了。但是雨水时节降落的不一定是雨水，初春的天气总是乍暖还寒，有时落到地面的还是雪花。无论雨雪，都会带来湿寒之气，人们感觉还是寒冷，老话说"倒春寒"，此时更需要注意保暖，少食生冷之物。

麻条条

马未都聊春天
春日新绿

北京的春天总是让人喜忧参半，沉闷了一冬的景象终于等到了新绿，告知人们真正的新年已经到来。此时的春风，裹挟着蒙古高原细腻的黄沙，让人鼻腔感到略微的呛，能嗅到一股淡淡的土腥味。

多年以来，北京人已习惯了好与坏一同到来，就如风沙会和春雨一起出现。较之四季，春天只是开始，如果人生只有一年，这春天断然珍贵，断然显得价值非凡，播种，萌芽，生长，最后成熟，让一年成为一生，让一生成为永远。

不知古人是怎么度过春天的，也许古代的北方人从未见过江南的春天，不知江南的绿是多层次的，从浅到深，从嫩到老。"芳林新叶催陈叶"，幼时读刘禹锡此诗句不解物候意象，北方秃秃的树枝上哪来的陈叶？新叶如何被催发的？但下一句就特别容易理解并让人喜欢："流水前波让后波。"

有一年去苏州正值春天，清晨从屋内走出，抬头一望，方见满树枝杈之中滋出新绿，与老叶相映成趣，人近壮年才勉强理解刘禹锡的诗意。老叶在温暖的南方扒在枝头之顽强，是因为南方的冬季没有北方凛冽的寒风，没有北方的三九隆冬，即便随寒潮降温，还是留有余地，让老叶们能吮吸秋冬剩余的养分；新叶嫩而透明，赶上倒春寒时长不能长，停不能停，只好与老叶们做伴。

"芳林新叶催陈叶，流水前波让后波。"刘禹锡写得精彩啊，可惜只是写了南方，他是不知北方春枝的，北方的春枝想冒出新绿，一定要忍受漫长的冬季，耐心等待和煦的春风和及时的春雨。

观复猫：我们的二十四节气

雨水

时雨既澍，百谷既登。
有流泫然，弥坎而升。
——宋代 苏辙
《奉使契丹二十八首其二十七舜泉诗》（节选）

雨水

澍（shù），意思是应时的雨水，可以滋润万物。"雨水"节气，春雨应时以降，百谷就此而丰。雨水泫然，川流滋长，溪泉复满。

春雨贵如油。在珍贵的春雨滋润下，大自然中的植物悄然发芽了。稚嫩的绿芽冲破了被封冻一冬的土壤，不断向上成长、攀升，带来了春天特有的嫩绿色。

麻条条身着象征植物成长的绿色衣袍，颈戴宝物穿心盒，端坐于正在发芽成长的绿叶中，一束雨水从天而降，浇洒在麻条条的额头，水珠四溅飞散，滋润了旁边的土地。

麻条条微闭双目，嘴角噙笑，已经完全陶醉于春雨的洗礼。条条也和身旁那株植物一样，受到雨水（亲人）的呵护，从稚嫩的少年逐渐成长。白居易有诗云"轻衫细马春年少"，用来说麻条条也再合适不过了！

猫馆长的节气文物
磁州窑剔花七叶纹钵

　　磁州窑是宋代北方瓷器的主流产品，遍及天下，影响深远。绘画被运用到瓷器之上虽不起源于宋代磁州窑，却是在它身上发扬光大的。宋朝人将生活寄托在和平之上，对花花草草寄予无限深情。磁州窑作品逐渐将文人气息挪来，寄托随影逐香的情思。

　　北宋磁州窑七叶纹钵，造型常见，但纹饰奇特，褐釉作地，反白画出七叶纹。几株植物根茎细弱却笔直，叶子饱满对称，仿佛刚刚接受了雨水滋润，滋长出蓬勃的生机。此钵纹样少见，颇具设计意图，由此可见宋代人在生活优越时被激发出的想象。

雨水　017

北宋　磁州窑剔花七叶纹钵
观复博物馆藏

春雷响，万物长

惊蛰

每年3月5日或6日，太阳黄经为345°，是为惊蛰。

惊蛰最早的名字叫作"启蛰"，到了汉代，为避汉景帝的名讳"启"而改为"惊蛰"。至今日本仍在沿用"启蛰"这个名字。唐代韦应物《观田家》有云："微雨众卉新，一雷惊蛰始。田家几日闲，耕种从此起。"惊蛰时节，农家要正式开始春耕，清闲的日子没剩几天了。

《月令七十二候集解》中说："二月节，万物出乎震，震为雷，故曰惊蛰。是蛰虫惊而出走矣。"在我们的传统观念里，惊蛰最重要的特征就是响雷。春雷响起，给立春时已蠢蠢欲动的蛰虫们一个提醒：是时候出来活动啦！其实，这个提醒也是给人类的，春天真的来了。

物候：一候桃始华，二候仓庚鸣，三候鹰化为鸠。

春雷响，万物长。美丽的桃花率先开了，杏花、梨花紧随其后。陆游在《临安春雨初霁》中写道："小楼一夜听春雨，深巷明朝卖杏花"，意境颇美。"仓庚"指黄鹂；"鸠"在此指一种大杜鹃，也叫布谷鸟。春天的黄鹂开始鸣叫，很容易理解，但三候所说的"鹰变成了布谷鸟"是怎么回事呢？

鹰变成布谷鸟，实际上是古人对候鸟观察的误解。有一种说法是，小型的鹰和布谷鸟的体貌形态很像，冬天时常见鹰隼出现捕猎；当温暖的春天到来后，鹰飞向了更北方，布谷鸟则开始出来活动繁殖，古人看到就误以为是鹰在春天变成布谷鸟。这是古人总结的很有趣且富有想象力的一个物候特征。

中国的传统文化中还有一个说法：惊蛰吃梨。这可能是因为此时乍暖还寒，昼夜温差大，气温不稳定，人们容易上火生燥，口干咳嗽。梨性凉味甘，鲜嫩多汁，有止咳清热的功效，因此逐渐形成了这个习俗。

蓝毛毛

马未都聊春天

柳絮

北京的春天不知怎么了,就是暖和不起来,迎春、玉兰这些最早开的花迟迟疑疑的,桃花也就随着羞羞答答,开不是开,放不是放;倒是满城柳树无畏春寒,肆意地生出柳絮来。

离开办公室时已是深夜,有点儿累,坐在车内有些漫无目的地向外看。车开得快,大灯将飘飘柳絮照得似飞雪,让我想起杜甫的名句:"颠狂柳絮随风舞,轻薄桃花逐水流。"眼前之景,可让人体会肠断的杜甫独立于芳洲时的烦乱心情。

柳絮除了入诗,其余时候真的没什么美感。我在《青年文学》做编辑时,曾为创作摄影小说《柳絮》率队去过日坛公园。但拍摄当中遇见难题,漫天飞舞的柳絮到了镜头之中竟变得踪迹难寻,拍摄出的照片几近不见柳絮。为了成功,只好造假。

美编见不得美女,鞍前马后,忙得殷勤。在安排一个重要场景时,美编手捧成团的柳絮,奋力上扬,但无奈轻薄柳絮不给面子,你越用力,它越不飞扬。美编急中生智,捧一大团柳絮,用嘴吹气,试图造成满天柳絮之景。

可谁都未能预见这一"创意"几乎在一瞬酿成了"人间悲剧"。美编为获得最佳效果,深吸一口气,准备吹得天女散花,但这一口气,将手中絮团大部分瞬间吸入口鼻中,美编那天的惨状我不好意思细致形容,反正半小时后他的鼻涕还流得尺把长,这一吸差点儿要了他的命。

每年一到柳絮狂舞时我就想起这一段,二十多年来年年如此。

观复猫：我们的二十四节气

惊蛰

新禽解杂啭，春柳卧生根。
早雷惊蛰户，流雪长河源。
——南北朝　虞信
《奉和法筵应诏》（节选）

惊蛰

春天是生命诞生、万物繁衍的季节。新出生的鸟儿在学着鸣叫，新生根的垂柳在努力生长。早春的雷声惊动了蛰伏一冬的小动物，也带来了春雨和暖风；冬日的积雪随之融化，流入江河，丰沛了水源。顺应节气物候，最早暖起来的地方，桃树上已经开始绽放出一朵朵娇嫩的粉红色的花朵。桃花那么美好，古人才将最理想的生活之地称为"桃花源"。

腹有诗书气自华的蓝毛毛就站在桃树旁，桃枝上点缀着朵朵含苞欲放的小花，预示着一个欣欣向荣的季节。春天里，燕子活泼起来了，开始翻飞穿梭，俊俏的身影与桃花相映成趣。而乍暖还寒的早春，惊蛰春雷带来的可能还是似雨非雨的轻霜。

微雨燕双飞。毛毛的脸上带着对春的了解和欣赏，用心体会这美好的意境。虽然手中拿着一柄油纸伞，但毛毛没有撑开——那初春如哈气一般的轻霜微雨，才是毛毛珍惜的吧。

猫馆长的节气文物
青玉雕雷公坐像

  雷公是中国古代神话中的一位神仙，专司打雷。《山海经》中记载："雷泽中有雷神，龙身人头，鼓其腹则雷。"雷公的诞生其实来自古人对自然界打雷的恐惧和崇拜。神话传说中，雷公常与电母组成搭档，和负责行云布雨的龙王一起为人间带来雨水。

  此件青玉圆雕雷公像，雷公呈散坐姿态，袒胸露怀，双目圆睁，长须长发，丰肩鼓腹，身披鳞片。雷公一手执鼓，一手执锤，张口似在奋力呼喊。整体造型敦实壮硕，神态生动，极富感染力。

惊蛰　025

元代　青玉雕雷公坐像
观复博物馆藏

仲春廿三日，春色正中分

春分

每年 3 月 20 日左右，太阳黄经为 0°，是为春分。

对于生活在北方的人们来说，春分也许才是真正意义上春天的开始。春分前后，到处柳枝抽新绿，桃花烂漫，草长莺飞。《月令七十二候集解》中说："二月中，分者，半也，此当九十日之半，故谓之分。秋同义。"春分是春季 90 天的中分点，这一天的时间昼夜平分，白天黑夜各为 12 小时。之后就是昼长夜短，一天比一天暖和。

物候：一候玄鸟至，二候雷乃发声，三候始电。

"玄鸟"（一作元鸟），指燕子，春分时节燕子活动频繁，预告着天气转暖。唐代徐铉的《春分日》说："燕飞犹个个，花落已纷纷。"宋代欧阳修的《踏莎行·雨霁风光》说："雨霁风光，春分天气。千花百卉争明媚。画梁新燕一双双，玉笼鹦鹉愁孤睡。"显然成双的燕子更符合人们迎接春天的喜悦心情。

此时降雨增多，随雨而来的雷声变响了，并且伴随着闪电。闪电响雷急雨，听起来气势就比较大。然而北方地区在春分前后气温还会出现反复，甚至有降雪出现。宋代苏轼的《癸丑春分后雪》说："雪入春分省见稀，半开桃李不胜威。"苏轼在春分时节的杭州还看到降雪，半开的桃花李花都快经受不住雪的寒冷了。这也提醒人们不要一下子穿着单薄，以免被反复的天气伤到身体。

在古代，春分还是一个重要的祭祀之日。《礼记》曰："祭日于坛。"孔颖达疏："谓春分也。"从周代开始，帝王即在春分这天举行祭日的仪式，此项礼仪一直延续到明清时期。

北京的日坛建于明嘉靖九年（公元 1530 年），即是明、清两代皇帝在春分这一天祭祀大明之神（太阳）的地方。日坛坐东朝西，暗寓太阳东升西落，明朝时坛面用红色琉璃砖，与皇帝祭日所穿红色礼服呼应；清代改为金砖铺地。

云朵朵

马未都聊春天

迟春

按说春天早该来了，惊蛰过了半月，春分还有一天，虽不一定处处泛绿，但也不该春寒料峭。这几年吝啬的雪却在这初春时节将气候一次又一次拽回冬天，每次都让人们感到一定是今年的最后一场雪了，可没暖几日，雪依旧再来。

雪让城市空气变得清新，北方的干燥让人对湿漉漉的空气敏感，舒服但不适应。往年随身吓人的静电如今没了踪影，要不然每次与人握手时，静电的打击会让手臂发麻，形成心理畏惧。

可是雪是城市交通的敌人，雪下在道路上，车就会减速慢行，造成交通拥堵。城市于是像患了心血管疾病的病人，行动迟缓，没了精神。人类的文明让人类聚集在一起，可在一起又对付不了一场雪，除了往道路上撒盐别无他法，我每次看到新闻上说几千吨盐撒在路上，防止路滑结冰，心中就泛起一种无可奈何的感觉，人类对付自然的办法真是幼稚可笑。

我们不会承认自己幼稚可笑。我们是万物之灵长，优于一切生物；我们不会在雪天瑟瑟发抖，也不会在雪天寻觅不到吃食，我们除了堵在路上着些急，并不知春天迟来对我们有多大伤害。我们只知道四季，春夏秋冬，循环往复，以至无穷。其实自然界未必一直都有春，冰期多半个地球就没有春，那时的生物是靠耐力度过漫长的冬季。

好在春天再晚也会来，来时一定是鲜花盛开，满目葱绿，让人忘记冬天的雪及寒冷。人类的一大优点就是心胸开阔，用欢乐掩饰忧愁，用幸福遮住苦难；人类还年轻，能看到的文明的历史不过区区几千年，能猜想的未来……好像人类从未仔细想过我们的幸福还能维持多久。

春 分

去年今日此门中，
人面桃花相映红。
人面不知何处去，
桃花依旧笑春风。

——唐代 崔护
《题都城南庄》

春分

　　唐代有个传奇故事：诗人崔护在桃花盛开的春天偶遇了一位少女，少女的脸庞就像桃花一样娇嫩美丽，令崔护念念不忘。第二年他再次经过此地时，却不见了少女的身影，只有一树树美丽的桃花依然盛开着。经过波折，有情的两人终于重逢，故事以大团圆结尾。

　　经过寒冷的冬天，春天带给人们喜悦和萌动的心情，大家脱掉厚重的棉衣，纷纷走出户外享受大自然的温暖。观复猫最美丽的小公主云朵朵也不例外，她换上了带着丝绸花边的衣服，头带花朵装饰的流苏饰品，额间点着淡淡花钿，就如一位精心装扮的豆蔻少女，漫步花树间，尽情享受春的美好。在橙红色的木棉花掩映中，云朵朵侧首看向我们。一如小公主的日常，朵朵的神情带着些许羞涩，但眼中有着对春天的向往，对生命的探究。想必是被春天的气息感染了，朵朵的嘴角噙了微笑，身旁木棉花温柔绽放，更加衬托出朵朵的娇美可爱。

猫馆长的节气文物

粉彩枇杷春燕纹碗

枇杷秋日蓄养,寒冬吐蕊,春天结子,夏初成熟,被赞为"果木中独备四时之气者"。尤其是凌冬绽放的白色花朵,雅洁如玉,有"枇杷晓翠"之誉。黄灿如金的果实,甜软适口;更重要的是枇杷润肺,有药用功效。

民国时期的粉彩枇杷春燕纹碗,所绘枇杷树形整齐美观,叶大荫浓,果实累累,黄中犹自带着绿色,表明了是初春季节。春燕嬉戏于枝头,燕羽浓淡有致。构图清新利落,色彩搭配秀丽淡雅。枇杷果被古人称为佳实,含有多颗种子,其纹饰往往承载着子嗣昌盛的期许。燕子外形俊俏,形态轻盈,是古今文人心中的报春吉鸟。

春分　033

民国　粉彩枇杷春燕纹碗
观复博物馆藏

花阴月，柳梢莺，近清明

清明

　　每年 4 月 5 日前后，太阳黄经为 15°，是为清明。

　　清明，是唯一集传统节气与节日于一身的日子。作为节日的清明节最为大众熟悉，每到这个时候，人们都会缅怀先祖。其实最早祭祀的日子是寒食节，本为纪念忠贞之臣介子推，清明仅为节气之一，至唐代才将寒食与清明合二为一。此后，清明又融合了上巳节（三月初三），形成了祭扫踏青、水边饮宴、郊外游春、插柳秋千等丰富多彩的活动。

　　《月令七十二候集解》中说："清明，叁月节。按《国语》曰，时有八风，历独指清明风为叁月节。此风属巽故也。万物齐乎巽，物至此时皆以洁齐而清明矣。"《淮南子·天文训》有云："春分后十五日，斗指乙，则清明风至。"清明真的是风清气明，令人有舒爽一新之感。此时气温升高，雨量增多，正是农耕好节气，故有"清明前后，种瓜点豆"的谚语。

　　物候：一候桐始华；二候田鼠化为鴽；三候虹始见。

　　清明时节，桐花开始绽放花朵。这里的桐花主要指白桐花，而非梧桐花。白桐春天开花，梧桐夏天开花。"清明时节雨纷纷"，此时雨水增多，却多是细雨迷蒙，别有情致。微雨见日，天空中出现了美丽的彩虹，是为"日穿雨影，则虹见"。鴽（音 rú），指鹌鹑类的小鸟。物候说的"田鼠化为鴽"，字面意思是田鼠变成了小鸟，这是古人脑洞大开的想象。其实是清明时节气温升高，白天喜欢阴冷环境的田鼠躲避进鼠洞中，而喜欢阳光的鹌鹑之类的小鸟则纷纷活跃起来，尽情享受春天。古人认为看不到的田鼠变身为看得到的小鸟，也是想象力足够丰富。

　　清明因身兼节日与节气两重身份，在古代也是一个重要的假期。唐代玄宗皇帝曾颁布政令，规定"寒食、清明四日为假"（《唐会要》卷八十二），后来更是把假期增加到五天、七天。宋代延续了清明小长假，南宋陈元靓在《岁时广记》中记载："清明前二日为寒食节，前后各三日，凡假七日。"假期里祭扫踏春，会友出游，不亦快哉。

苏三三

马未都聊春天
清明

  今年的春天特别暖和，来得迅猛。清明前几天气温高达二十六七度，短袖长裙随处可见。博物馆的草地返青迅速，没到清明已是绿油油一片，报纸上说这一现象几十年未见，不知是喜是忧。

  清明成为法定假日后，国人扫墓踏青的明显增多，再加上高速公路节日期间免费，估计堵车添烦是少不了的。我怕明天路上人满为患，今日早早地出车上路，为爹扫墓。

  一路上忽然发现因为天气骤暖，物候也跟着变化，各类春花没了先后，竟然同一时刻开放，往年迎春玉兰在先，杏花桃花随后，再就是梨花海棠，可今年（2018年），这些花一股脑儿地同时怒放，连丁香花也开了，让春天的北京看着有点儿假。

  假象就是不顾时间地点把不相干的东西堆砌，迎春穿插在梨花之中，玉兰伴随着海棠，虽真也假，可见假象比真相看着热烈而显得更加真实。野花都开了，草色遥看近却无的早春算是没了，许多事情就是这样，没了过渡就没了意味。

  墓地扩大了许多，爹的墓掩映在柏树的绿荫之中，居然让我们找了半天才找到，心里说有点儿对不住爹。当年栽的小树手指头粗，如今已有胳膊粗细了。掐指一算已过去15年了。前些年也没觉得爹的墓地占地大，可这些年的新墓地特别紧凑，才感觉十多年前的下葬也算是奢侈。每次扫墓我都默默地读一遍我为爹撰的碑文，只有99字，却是他老人家的一生。

  清明扫墓雨纷纷的情景远去了。以后每年的清明一定是"清明时节车纷纷，路上拥堵欲断魂"，任何人堵在路上心情都不会太好，不断魂也会牢骚满腹。出行容易，扫墓不易，且行且珍惜吧！

观复猫：我们的二十四节气

清　明

亲爱久别散，
形神各离迁。
未为生死诀，
长在心目间。
——唐代　孟郊
《感怀》（节选）

清明　039

苏二花

　　苏三三有六个可爱的宝宝。在六个宝宝中，五个健康的儿女都有了温馨的新家，只有女儿苏二花因为先天性漏斗胸，只能跟在妈妈身边。苏三三也最疼这个女儿，一直精心呵护。然而，在喵星球的召唤下，苏三三不得不离开了她最牵挂的小二花，回了喵星。好在二花是个生命力顽强的姑娘，当年那个瘦弱得让人不敢触碰的小婴儿，如今也长成了大姑娘。

　　苏二花的生命力顽强到根本不在意自己的病，反而比别的猫更活泼，今天登梯爬高，明天奔跑嗨玩，偶尔琢磨着吓唬一下铲屎官。活泼的苏二花也有安静做梦的时候，在梦中，她还是那个婴儿二花，享受着妈妈给她清理毛发时的温柔、叼她回窝时的温暖。在梦中，三三和二花虽然含着思念的泪水，但都微笑着，因为她们知道，不管是喵星还是蓝星，她们都生活得很幸福。春暖花开的日子里，亲爱的小二花在健康成长。

猫馆长的节气文物
三彩仕女骑马俑

　　游春是开放唐代的社会风俗，清明节气以及之后的上巳节，花草繁盛、流水明媚，喜欢热闹的人都会外出踏青游春。白居易在《春游》中写道："逢春不游乐，但恐是痴人。"据说为了让人们有游春的好去处，唐玄宗将汉武帝所造之"曲江池"修整一新，使之成为游览胜地。一到春天，贵族妇女们都喜来此游赏。

　　唐三彩仕女骑马俑，让人不禁联想到唐代张萱的著名画作《虢国夫人春游图》。仕女神态雍容自信，面容圆润秀劲，着装艳丽多彩，洋溢着盛唐风貌之美。骏马躯体丰肥适度，骨肉匀停，静穆沉稳，为标准的良马。

　　仕女悠闲欢愉的神情与骏马轻举缓行的英姿，恰如正在游览春日盛景，让观者感受到了风和日丽的春天气息。

清明

唐代　三彩仕女骑马俑
观复博物馆藏

叶间鸣戴胜，泽水长浮萍

谷雨

每年 4 月 20 日前后，太阳黄经为 30°，是为谷雨。

谷雨是春季的最后一个节气，同时也是唯一将物候、时令与稼穑农事紧密对应的一个节气。《月令七十二候集解》中说："三月中，自雨水后，土膏脉动，今又雨其谷于水也。雨读作去声，如'雨我公田'之雨。盖谷以此时播种，自上而下也。"雨生百谷，丰沛的雨使土地湿润，非常利于农作物生长。此时最宜插秧播种，期待丰收。

物候：一候萍始生，二候鸣鸠拂其羽，三候戴胜降于桑。

谷雨时节，人们开始能看到浮萍生长，池塘中一片清新之色。"鸠"指布谷鸟，布谷鸟开始梳理羽毛。而谷雨节气中较为重要的物候现象就是布谷鸟的鸣叫，"布谷布谷"的叫声，仿佛是"阿公阿婆，割麦插禾"，提醒人们要开始农事了。

戴胜鸟头上有羽冠，嘴尖而长，以虫为食。《尔雅》曰：（戴胜）"头上有胜毛，此时恒在于桑，盖蚕将生之候矣。"戴胜鸟落在桑树上，预示着桑叶茂盛，养蚕人可以多多采摘，以供新生的幼蚕食用。

农业社会经济结构中，蚕桑占有重要地位，关乎国计民生，所以从周代开始，历代帝王必关注养蚕缫丝。按《周礼》要求，每年春天，帝王都要去先农坛拜祭农神，祈求风调雨顺；而王后则要到先蚕坛举行"亲蚕"大典，祭拜蚕神嫘祖、采桑喂蚕，以鼓励人们勤于纺织。这种表示统治者重视农业、蚕业的象征性仪式，在中国延续了数千年之久。

李对称

马未都聊春天
爬墙虎

今年的春天气温不尽如人意，忽热忽冷，弄得满院子的爬墙虎无所适从，绿倒是绿了，只是绿得不如往年彻底，稀稀拉拉的好一段日子了；记得前两年没这么拖拉，春风一刮，立刻满墙满架都绿了，让灰了一冬的环境充满了生机。

爬墙虎是一种藤本植物，吸附他体成长，生命力旺盛，阴阳向背、潮湿干燥都挡不住它，往往几年不见，就将附着体覆盖成另一副样子。今天的城里乡村甚至路边都爱用爬墙虎绿化，生长快又易管理。其实北方的爬墙虎常见两类，一类是真爬墙虎，另一类是假爬墙虎；真爬墙虎的学名叫爬山虎，叶呈鹅掌形，靠吸盘吸附生长，北京几家早年的五星级大饭店都靠它显示风采呢！假爬墙虎叫五叶地锦，原产中美洲，少吸盘多丝蔓，靠缠绕攀爬，只要条件具备也能顺杆爬上楼顶，没地方缠绕时就趴在地上疯长，不管不顾。

观复博物馆墙壁上是正宗爬墙虎，我亲手种的，八年来兢兢业业遮住半壁江山；而院墙竹篱笆上的则是"冒牌"爬墙虎，靠丝蔓也长得翠绿一片，春夏秋三季变换颜色，讨得看客欢心，这也是我种的。两种爬墙虎貌似一样，却有本质的不同，前者一步一个脚印，后者风风火火，图个热闹，风大时经常被刮落在地。

植物跟人没什么大不同，独傲霜雪者与趋炎附势者都有其生存之道，互相也瞧不大起，因此才构成丰富多彩的大千世界。据说五叶地锦在南方潮湿的地方表现尚好，可以多生出吸盘，一副努力的样子。客观条件可以改变一切，无论是爬墙虎还是自以为是的人。

谷雨

湖光迷翡翠,
草色醉蜻蜓。
鸟弄桐花日,
鱼翻谷雨萍。
从今留胜会,
谁看画兰亭。

——唐代　张又新
《三月五日陪裴大夫泛长沙东湖》（节选）

谷雨

暮春三月，草长莺飞。春天已经快结束了，雨生百谷，花木茂盛，正是春夏之交最美好的时候。元代文学家仇远作词《浣溪沙》："红紫妆林绿满池，游丝飞絮两依依。正当谷雨弄晴时"，生动描绘了此时美丽的景色。

因雨水增多，浮萍开始生长，沉寂单调了一冬的池塘湖泊焕发了灵动的生机。此时的水是轻柔的，萍是鲜嫩的。唐代元稹说："谷雨春光晓，山川黛色青。叶间鸣戴胜，泽水长浮萍。"观复猫李对称喜爱这一抹春色，缓步入水，感受着春天最后的温柔时光。

别看小对称平时工作起来像女强人，其实怀着一颗妥妥的少女心。且看她半褪罗衣，鬓簪娇花，回眸一笑百媚生。此刻天地间万物皆不见，唯余这一隅池塘，绿萍朵朵，红鱼点点，细雨如织。水面阵阵涟漪中，含羞带怯的美喵对称回首相望，殷殷留春住。

猫馆长的节气文物
铜鎏金蚕

先秦思想家荀子写过《蚕赋》，其中"屡化如神，功被天下，为万世文"，似乎提前为"丝绸之路"做了很好的注解。圣贤之哲思，先人之远见，令后人惊叹感佩。早在《诗经》已有"氓之蚩蚩，抱布贸丝"，说明丝已作为商品进行贸易。古代丝绸之路上，我们有三大主打商品：丝绸、陶瓷、茶叶，其中丝绸历史最久，价格最贵，当年输出古罗马的中国丝绸价比黄金，非贵族不能染指。丝绸荣膺丝绸之路担当实至名归。

谷雨时节采桑喂蚕。此件铜鎏金蚕长6.7厘米，首尾9个腹节，呈昂首吐丝状，神形兼备，尺度如真，可见汉代的流行及金属工艺水准。汉代的鎏金铜蚕点明了丝绸之路证据的起源，从物证角度证明了汉代丝绸业的发达与广泛。谁能料想，小小的一条蚕，成就了伟大的丝绸之路，成就了中华文明的象征。

谷雨

汉代　铜鎏金蚕
观复博物馆藏

蝼蝈鸣，蚯蚓出

立夏

每年5月5日或6日，太阳黄经为45°，是为立夏。

立夏意味着正式告别春天，进入夏天。《月令七十二候集解》中说："立夏，四月节。立字解见春；夏，假也，物至此时皆假大也。"这里的"假"是"大"的意思，就是说立夏时节的植物都长大了。春秋时期的《左传》说："中国有礼仪之大，故称夏；有服章之美，谓之华。"汉代的《说文解字》解释："夏者，中国之人也。"夏以其阳气升腾、植物茂盛的物候特征受到青睐，从时令季节成为国家文化的代名词。

物候：一候蝼蝈鸣，二候蚯蚓出，三候王瓜生。

"蝼蝈"有好几种解释，最多的是说带翅的小虫、蝼蛄，有的说是蛙，还有的说是一种鼠。不管如何，透露给我们的信息是热气渐升的夏天来了，引得各种昆虫动物都纷纷鸣叫，树林里、池塘边一片热闹。

蚯蚓又被称为"地龙"，居于地下，感受到阳气而开始活动，土地因此得到翻松。达尔文在《物种起源》里盛赞蚯蚓为"地球上最有价值的生物"，它不仅勤勤恳恳地松土，对农作物有益，且有药用价值。有了蚯蚓帮忙松土，植物们自然长得更好，"王瓜"的藤叶枝蔓就在立夏时快速生长起来。王瓜，葫芦科，栝楼属，多年生草质藤本植物，夏季开花，果椭圆，熟时呈红色。宋代梅尧臣诗曰："王瓜未赤方牵蔓，李子才青已近樽。"《医林纂要·药性》说："王瓜，苦，寒。"《月令七十二候集解》说："王瓜处处有之，生平野田宅及墙垣。"说明王瓜是很普通常见的可入药的植物。

送走春天，迎来夏天。有的人对温婉的春依依不舍，颇为伤怀。但时光无法挽留，每个季节都有各自的美好。你看宋代的陆游，已经对即将到来的初夏满怀期待了："槐柳成阴雨洗尘，樱桃乳酪并尝新。古来江左多佳句，夏浅胜春最可人。"（《初夏》）

宋球球

马未都聊夏天
牵牛花

观复博物馆墙外挂满了爬墙虎,郁郁葱葱,这种侵略性很强的植物基本不容人,凡与之相近的植物多半是半死不活的,爬墙虎一家独大的现象不在少数,但总有例外。

墙外的爬墙虎身上不知什么时候缠上了一层牵牛花,其茎之细弱之柔嫩让人怜爱。突然一天,它开了花,紫白两色,均匀密布,让绿了许久的长青藤显现一种别样的生机。

牵牛花出身卑微,却久负盛名,在中国入花谱至少有千年历史。相传日本茶道宗师千利休栽培的牵牛花开了,千利休恭请丰臣秀吉将军赏花。使者传话说,满院子的牵牛花开了,请大将军前去赏花。秀吉将军本是一粗人,但千利休风雅无边,将军便附庸风雅一回,率众人前去赏花,谁知一进院子,满架的牵牛花没了,一问才知,千利休一早吩咐手下将花摘除,一朵不剩。丰臣秀吉将军以为被戏弄,勃然大怒,正要拔刀相向,千利休笑容可掬,打开屋门,只见一朵牵牛花瓶中盛开,沾满晨露……

这就是美学中的以少胜多的典范。丰臣秀吉见之无语,粗人由此变细。美学教育的极致我再也想象不出比此更生动的案例。我本想将院墙外的牵牛花也东施效颦摘它一回,无奈牵牛花爬得太高,人手也太少,决心也太小,因此作罢。

牵牛花生性强健,耐干旱盐碱,喜阳光透风,不惧高温酷暑,枝蔓虽细,仍善攀爬,花开多色,晨开夜闭,尤其夏日清晨,露水多多,天刚蒙蒙亮,它已悄悄开,古人送雅号——勤娘子。

立夏

梅子留酸软齿牙,
芭蕉分绿与窗纱。
日长睡起无情思,
闲看儿童捉柳花。
——宋代 杨万里
《闲居初夏午睡起》

立夏　055

　　立夏标志着春天结束，夏天来临。芭蕉分绿，柳花戏舞。午睡后闲看窗外儿童嬉戏，颇为闲适，齿间还有梅子的回酸。初夏时节天气还不算太热，白天越来越长，孩子们能在户外玩耍的时间也更多了。斗蛋的习俗就发生在立夏。每年的立夏这一天，妈妈都会为孩子准备煮好的带壳鸡蛋、鸭蛋、鹅蛋各一枚，与别的小伙伴斗蛋。把蛋放在网兜里，小孩子们挂在脖子上，而且蛋都要染成红色，以示喜庆。蛋相互撞击，被击碎的一方算输。

　　观复猫宋球球白身黑尾，头顶有黑色圆斑，为古代猫谱中的名品"鞭打绣球"，性格活泼调皮。球球看到"斗蛋"这种新奇的游戏，岂能不玩呢！画中的宋球球虽然穿着斯文，但在斗蛋游戏中一跃而起，手中红色网兜亦挥舞出优美的弧线。球球眯着一只眼，嘴角带着调皮的笑容，似是信心满满，定要在这个小游戏中获胜。

猫馆长的节气文物
粉彩"瓜瓞绵绵"纹罐

瓜瓞绵绵，出自《诗经》："绵绵瓜瓞，民之初生。"瓞，指小瓜。大瓜小瓜硕果累累，藤蔓缠绕连绵不绝，有子孙昌盛繁衍不绝的吉祥寓意。而"瓞"与"蝶"同音，后世就经常用瓜和蝴蝶的组合图案来表现，成为中国传统的吉祥纹饰。

此罐以绿釉为底，以娇艳粉彩描绘出交相缠绕的瓜蔓，花开朵朵，其间结出壮硕小瓜。瓜为长圆形，瓜身带棱，以红、粉、黄、白四色组合装饰，可以借此联想立夏"王瓜"丰收之景。瓜蔓中飞舞着翩翩彩蝶，正和"瓜瓞绵绵"之意。罐身构图讲究对称，但工匠将蝴蝶画得比瓜还大，是艺术的夸张，给后人欣赏此罐带来细节上的小乐趣。

立夏　057

清嘉庆　粉彩"瓜瓞绵绵"纹罐
观复博物馆藏

蚕罢里闾晏，麦秋田野喧

小满

每年 5 月 21 日前后，太阳黄经为 60°，是为小满。

小满，是夏天的第二个节气。为何这个节气叫作小满呢？《月令七十二候集解》中说："小满者，物至于此小得盈满。"说明在这个时候，农作物（小麦）籽粒已趋饱满，但又没有最后成熟，只是"小得盈满"，并未"圆满"或"大满"。

物候：一候苦菜秀，二候靡草死，三候麦秋至。

苦菜是一种野菜，顾名思义，此菜带有苦味。"秀"有优异之意，"苦菜秀"说明小满时节的苦菜长得繁茂，又多又好。在中国传统饮食文化中，带苦味的菜具有清凉下火的效用，在干燥热烈的夏天最宜食用。

枝条细软的草类被称为"靡草"，古人认为"凡物感阳而生者，则强而立；感阴而生者，则柔而靡"，因此喜阴的靡草到了夏天，往往受不了阳光强烈的炙烤而渐渐枯萎。这是自然界的规律，阴阳转换，荣枯有时。

小满对于我们而言是进入了夏天，但对于中国北方地区的小麦来说，则是进入了秋天，经过播种、返青、拔节、抽穗……终于进入了乳熟期，即将成熟收获，因此称为"麦秋"。唐代萧颖士作诗《山庄月夜作》："蚕罢里闾晏，麦秋田野喧。"

中国南方地区流行一句农谚："小满动三车，忙得不知他。""三车"指水车、油车和丝车。此时水车要给稻田中输送充足的水分，已经丰收的油菜籽要及时榨成油，而精心饲养的蚕宝宝也开始结茧，缫丝的工作不能耽误。小满时节太忙了，忙得那么生气勃勃，忙得那么充满希望。

花飞飞（前），花荣荣（后，下）

马未都聊夏天
电扇

执扇是中国人发明的，先秦两汉时期称之为便面，至宋沿用。折扇的发明目前是个悬案，日本发明的可能性最大，但韩国人咬住牙关说是他们发明的。电扇发明时间近，才100多年，记录清晰，是美国人发明的，时间是1880年；在发明之前50年，另外有个美国人从钟表发条上得到启发，用发条驱动扇叶，算是机械扇，此扇最大的麻烦就是爬梯子登房顶上足发条累一身臭汗，然后下来乘凉。

电扇虽有100多年的历史，但在中国普及也就三四十年的光景，我小时候电扇大多是豪华场所的配置，一般是吊顶扇，硕大无朋，转起来呼呼作响，引得我常常站在电扇下边乘凉边注目观看。至于花钱购买电扇则是改革开放后的事情，配置电扇曾是中国每个家庭的梦想。

但电扇的好景不长，空调机出现了，其凉爽不是电扇可以媲美的。自打空调进入家庭之后，电扇就像受了气的小媳妇似的，不招婆婆待见。随着空调行业群雄争霸，电扇行业一度哀鸿遍野，似乎大势已去，就等下"死亡通知"了。

风水轮流转。也就10年时间，社会上渐渐多了一种新病——空调病，腰酸背痛，浑身难受，老年人更甚。于是乎空调机渐渐成了摆设，开得少了，一年开不了几天，落得满身灰尘。此时电扇又缓上劲儿来了，功能多样，摇头摆尾的有之，风力随意的有之，定时遥控的有之，关键是还便宜省电，室内空气一流动，人特别舒服。我不知别人，天一热，我先想到电扇，远远地转着，这种享受让人心满意足。

古人云：尺有所短，寸有所长。什么事物既不能妄自尊大，也没必要妄自菲薄。如此而已。

小满

夜莺啼绿柳,
皓月醒长空。
最爱垄头麦,
迎风笑落红。

——宋代 欧阳修 《小满》

小满　063

花飞飞（左）　花荣荣（右）

　　进入小满节气，天气渐渐热起来，昼长夜短，万物生机勃勃。美好的初夏夜晚，夜莺在丰茂的柳枝间歌唱，皎洁的月亮挂在夜空，照亮了广阔大地。一阵风吹落了脆弱的花瓣，更加衬托出即将成熟的麦子是那么茁壮可爱。将熟未熟的麦子，被形象地称为"乳熟"，就像18岁的青年，跨入成年人的行列时还带着一丝稚嫩。小满时节的麦田是好看的，从青色变为黄色，从冷色变为暖色，给人们带来喜悦，带来丰收的希望。

　　一母同胞的花飞飞、花荣荣，和麦子一样到了乳熟的时节，由小奶猫成长起来。从小时候起，兄弟俩就感情深厚，同吃同睡，形影不离，互相照顾，相伴长大。小满节气，在一片金黄色的麦浪中，兄弟俩遥遥相对，哥哥花飞飞的视线被翩飞的鸟儿吸引，弟弟花荣荣笑逐颜开，挥手向哥哥示意，仿佛在喊："哥哥，我在这儿呢！"

猫馆长的节气文物
碧玉螭虺谷纹璧

璧，造型外圆内圆，为古代礼器之一。新石器时代就有玉璧，那时以素璧居多，至春秋时期出现谷纹璧。此件玉璧整体完好，装饰分为两区，由绦纹和宽带纹间饰。外区为四组"一首双身"螭虺（chī huǐ）纹，螭身蜷曲，尾端互相缠绕，琢痕清晰可见。螭虺是春秋时期常见纹饰。螭是一种没有角的龙，虺是一种小蛇，均为卷曲盘绕的形象。

玉璧内区纹饰貌似正在发芽的谷物，因此被形象地称为"谷纹"。谷，被解释为粮食作物的总称，也特指稻米。周朝的著述《周礼》中这样解释谷璧："谷，善也，其饰若粟文然。谷，所以养人。"民以食为天，小满时节，古人祈盼谷物丰收，食物无缺。大量谷纹在玉器上出现，体现了人们用谷纹玉跟上苍沟通的现象。为什么把谷纹与螭虺一起刻在璧上呢？古人认为螭虺与龙近似，亦为雨神，风调雨顺才能五谷丰登。

小满 065

汉代　碧玉螭虺谷纹璧
观复博物馆藏

流光捻指逢芒种，药栏吹尽红雨

芒种

每年6月5日或6日，太阳黄经为75°，是为芒种。

芒种，又称"忙种"，此时就是忙忙忙！忙着干什么呢？忙着收割有芒的麦子，忙着栽种有芒的稻秧。《月令七十二候集解》中说："五月节，谓有芒之种谷可稼种矣"。农谚说"麦收有五忙：割、拉、打、晒、藏"，每一步都紧锣密鼓地进行，农人能不忙吗？

入夏时节天气变化大，刮风下雨都可能对已经成熟的麦子造成毁灭之灾，麦子的成熟期又短，抢收十分紧迫。与此同时，夏播作物如稻子等也正是栽种最忙的季节，要保证其足够的生长期。宋代陆游说："时雨及芒种，四野皆插秧。"（《时雨》）

物候：一候螳螂生；二候䴗始鸣；三候反舌无声。

随着天气越来越热，雨水增多，北方伴随着响雷甚至冰雹，南方则开始进入梅雨季节。阴湿之气对小动物产生了影响："螳螂，草虫也，饮风食露，感一阴之气而生"，小螳螂在此时破卵而出，开始生命之旅。

"䴗"（音 jú），古籍解释为"博劳"或"伯劳"，是一种背灰褐色、上嘴钩曲的鸟。"反舌"则解释为"百舌鸟"，据说这种鸟可以学别的鸟叫声。唐代经学家孔颖达解释说："反舌鸟，春始鸣，至五月稍止，其声数转，故名反舌。"芒种之后，感知到阴气的伯劳鸟开始鸣叫，而喜阳避阴的百舌鸟却停止鸣叫，变得无声无息了。

苏格格

马未都聊夏天
响雷

周末在家看了一天书,都是些老书,一点儿都不时髦。年轻时没觉书中字小,可这会儿因字小老是看串行。由此看来,古人告诫读书趁早还是很有道理的。书看不动就随便写点儿东西,做事随缘。

窗外阳光一天刺眼,没了霾人还真有点儿不习惯。天气预报说气温高达36℃以上,屋中倒不怎么觉得,只是拿笔的手出汗,过一会儿就得去用肥皂洗洗,回来接着写。

下午四点多钟,天忽然黑了下来,远远地传来了雷声。雷声是夏天的福音,只要不在自己脑袋上炸开,远远地传来还有点儿诗意。"雷声殷遥空,云气布层阴。"听到雷声,趴了一天的猫们都站了起来,隔窗眺望。胆小的夹着尾巴,尾巴显得比平时粗而壮,小幅度地颤抖。

说实在的,我和胆小的猫一样,心里也有一根尾巴夹开着,也怕突然眼前一道蓝光,紧跟着一声炸雷。每年夏天的雷雨中都会有几个炸雷让人魂不守舍,生怕它能随声进屋。还好,远处云层电光频闪,夕阳仍从西边斜照大地,让黑云之下的城市变得如同照片般美丽。我忽然觉得,城市未必在响晴白日的天气下凸显魅力,雷雨前的乌云同样会让它显得立体,显得富有生机。

雨,没有下来,让屋里的人和猫一同扫兴,却让街上的人高兴。没带雨具的人虚惊一场,可以慢条斯理地继续安排好的日程,该回家的回家,该约会的约会,该散步的散步,该干吗的干吗……雷不一定非伴雨而来,夏天的雷一般伴随瓢泼大雨,但也可能空响,所以才有了世界。

芒 种

流光捻指逢芒种,
药栏吹尽红雨。
剪彩纫幡,裁绡帖辇,
待饯花神归去。
千丝万缕。
拟绕向花梢,可能留住。
——清代 袁绶
《如此江山(饯花词)》(节选)

　　清代袁绶写词曰："流光捻指逢芒种，药栏吹尽红雨。剪彩纫幡，裁绡帖荸，待饯花神归去。千丝万缕。拟绕向花梢，可能留住。"词中描述的是芒种时节送花神的习俗。

　　《红楼梦》第二十七回做了详尽描述："尚古风俗：凡交芒种节的这日，都要设摆各色礼物，祭饯花神，言芒种一过，便是夏日了，众花皆卸，花神退位，须要饯行。然闺中更兴这件风俗，所以大观园中之人都早起来了。那些女孩子们，或用花瓣柳枝编成轿马的，或用绫锦纱罗叠成干旄旌幢的，都用彩线系了。每一棵树上，每一枝花上，都系了这些物事。满园里绣带飘摇，花枝招展。"作为大家闺秀的苏格格，温柔娴静，清秀可人。芒种节气，苏格格也和大观园中的女孩子们一样送花神，裁出红色丝带，细心地系在树枝上。苏格格身穿红色衣裙，神态欢欣，明眸似水，坐在飘飘丝带中，好似红霞掩映中的小仙女。

猫馆长的节气文物
落花流水纹金耳珰

芒种时节送花神,是因春天盛开的花卉花期已过,到了凋落的时间。这是无可奈何的事,曾经鲜艳明媚的花朵一瓣瓣飘落,落入泥土,落入流水。怪不得《红楼梦》里多愁善感的林黛玉看到遍地落花,感怀自身,含泪葬花,还吟出了著名的:"花谢花飞花满天,红消香断有谁怜?"

辽、金、西夏、元时期耳饰多有精美之作,常见嵌有各种宝石,多属贵族用品。这只金耳饰造型属于北方游牧民族契丹人的风格,耳珰中部焊接有一个两层花瓣形的小金基座,上面有圆形的凹槽,可以看出原本镶嵌了一颗打磨光滑的宝石。耳珰的下方有一片椭圆形金叶,满满地錾有线条流畅的流水纹,上面四个细孔,可能原本还垂有吊饰。整件耳珰营造了花朵飘落流水的情景,表达了惜春之意。

芒种 073

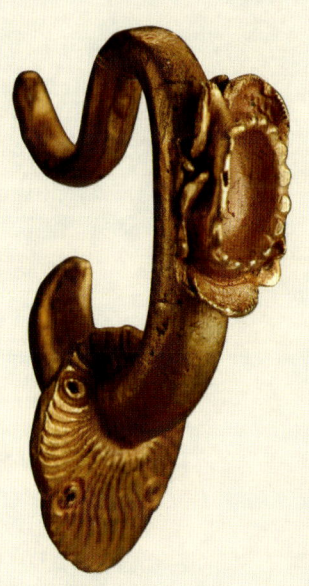

辽代　落花流水纹金耳珰
观复博物馆藏

鹿角解，蝉始鸣，半夏生

夏至

每年 6 月 21 日或 22 日，太阳黄经为 90°，是为夏至。

夏至，字面意思就是"夏天来了"，很好理解。《月令七十二候集解》中说："万物于此皆假大而至极也。"夏天的万物都显得那么苗壮茂盛。清代任职于钦天监的陈希龄所著《恪遵宪度》中说："日北至，日长之至，日影短至，故曰夏至。至者，极也。"夏至这天的太阳几乎直射北回归线，北半球的白昼时间是一年中最长的，照出的影子最短。唐代诗人韦应物的《夏至避暑北池》也曾写道："昼晷已云极，宵漏自此长。"

物候：一候鹿角解，二候蝉始鸣，三候半夏生。

古人认为鹿的角朝前生，属阳性。而另一种角朝后的，属阴性，叫"麋"。夏至节令，阴气生而阳气始衰，阳性的鹿角开始脱落。天气热而潮湿，雄性的知了开始拼命地鸣叫。半夏是一种喜阴的药用植物，生长在沼泽或水田，具有燥湿化痰等功效。由于是夏至前后生长出来，此时夏天已过半，故名"半夏"。

鹿在中国古人的心中有着非常重要的地位，鹿也是德音（善言）的象征，是美好愿望的象征，《诗经》说："呦呦鹿鸣，食野之苹。我有嘉宾，鼓瑟吹笙。"鹿还是权力的象征，《汉书》卷四五《蒯通传》载："且秦失其鹿，天下共逐之。"

夏至这一天的风俗很有趣。北方人讲究吃面条，"冬至饺子夏至面"；而南方人则说"夏至馄饨冬至团"，夏至要吃馄饨。唐代《酉阳杂俎》记载"夏至日，进扇及粉脂囊，皆有辞"，说的是夏至时可以赠送扇子和装有脂粉的香囊，扇子可以扇风纳凉，脂粉可以爽身去味，堪称节令佳礼。

谢鸳鸯

马未都聊夏天
知了

前几天去鼓浪屿,天虽下过雨,但仍闷热难耐,稍微一动弹就汗如雨下。站在码头上等船,忽听得蝉声大噪,循声望去,只见一棵其貌不扬的孤树屹立在岸边,枝梢上有一只蝉,不顾人来人往,引吭高歌。

我不知它此时想干吗,为何这么兴奋。想起小时候的暑天,大人一午睡,我们就扛着竹竿出发了,粘知了是那时最大的乐趣。我记得竹竿要绑上三根才够长,依粗细长短,接成颤颤巍巍长长的一根,顶端抹上胶。胶是用废弃的自行车内胎熬的,熬的时候臭气熏天,至今想起来鼻子里还泛着那股说不出的味道。但这种胶粘下的知了翅膀极易受伤,不美观,后经高人指点,学会了制作面筋,嘴里嚼着一团神气地出门,发现知了后将面筋吐出来,粘在竹梢上,几十秒后,面筋脱水,其黏无比,粘住知了后用水再湿润一下,面筋马上失去黏性,不损坏翅膀。多数时候,我们这帮孩子没干没净,面筋又会放回嘴里,继续嚼继续粘继续高兴。

这都是往事了,恍如隔世。仔细想想,至少有二十年没再见过粘知了的孩子了。连农村孩子的快乐都被现代生活替换了,质朴的快乐已成为孩子们的奢望。今天的孩子们可怜啊,快乐是高科技置换来的,不是与生俱来的。与生俱来的快乐是一种本能,本能则是人类生存的根本。

知了引吭高歌,科学的解释是知了在寻求配偶。以比例而言,这是世界上发声器最大的动物,声音有的可高达130分贝。对于这让外人难受的噪声知了自己却很高兴,因为寻求异性是它的本能,本能的快乐是无法用其他替换的。

夏至

夏至才交阴始生，
鹿乃解角养新茸。
阴阴蜩始鸣长日，
细细田间半夏生。

——明代 龚廷贤
《七十二候歌》（节选）

夏至，天气湿热，阴气萌发。这时人们会看到鹿角开始脱落，慢慢养起新的鹿茸；蜩，古书上指蝉。蝉从早到晚地鸣叫，告知人们天气越来越热；喜阴的植物半夏在田间长出。

然而夏至还不算最热的时候，看，在清晨凉爽轻薄的雾气中，一只高大俊美的雄鹿轻轻走来，走近时才能看到鹿背上坐着的窈窕身影。只见她身披青绿色披帛，脸覆轻纱，腕拢金钏，最称奇的是她两眼异色，黄色如琥珀，蓝色如宝石。虽未见其真容，却能感觉到她的绝世美貌，似飞天仙女般令人神往。

这就是观复猫谢鸳鸯啊！充满异域风情的鸳鸯，以这种惊艳的方式亮相，宣告着夏至节气的到来。宋代陆游有诗曰："春芜满地鹿忘去，夏木成阴莺自来。"许是感知到了夏天气息，神鹿停下脚步，相望回首。鸳鸯温柔地抚摸着鹿颊，神鹿眯起眼，享受着这一刻的温情脉脉。

猫馆长的节气文物

白玉蝉

蝉,北京方言叫"知了儿""季鸟儿"。夏初季节,蝉从幼虫变成成虫,蛹从地下钻出,会脱壳而出成为羽虫,有一味中药叫"蝉蜕",就是蝉脱下来的壳。雄蝉的成虫会在夏天发出响亮的叫声,吸引雌蝉繁育下一代。

古人看到蝉居高树,鸣声亮,饮露水,就认为它是一种非常高洁的生物。再加上蝉从地下钻出,变成带着翅膀可以飞翔的模样,古人觉得它脱胎换骨,具有神奇的重生能力,故玉蝉盛行于汉代葬制。此蝉为白玉质,纯净温润。头部双目外凸,尾与翅为三角尖峰状,以斜磨阴线数道表现蝉首和双翅,线条挺拔,为典型的"汉八刀"工艺。

夏至　081

汉代　白玉蝉
观复博物馆藏

倏忽温风至,因循小暑来

小暑

每年 7 月 7 日或 8 日,太阳黄经为 105°,是为小暑。

暑,炎热的意思。《月令七十二候集解》中说:"暑,热也,就热之中,分为大小,月初为小,月中为大,今则热气犹小也。"古人认为小暑期间,还不是一年中最热的时候,故称为小暑。

物候:一候温风至,二候蟋蟀居宇,三候鹰始击。

小暑时节不再有凉风,总是能感受到迎面的热浪。蟋蟀古称"促织",俗名"蛐蛐",是一种古老的昆虫。《诗经》中写道:"七月在野,八月在宇,九月在户,十月蟋蟀入我床下。"蟋蟀也知冷知热,夏天就住在遮阳的屋檐下,天一冷就进屋了。炎炎夏日,凶猛的鹰远离高温的地面,飞上高空学习搏杀之术。

小暑节气,梅雨季节逐渐结束,却又迎来了入伏。初伏、中伏、末伏,被称为"三伏",其中初伏为 10 天,中伏为 10 天或 20 天,末伏为 10 天,是一年中最热的日子。在没有电扇空调的古代,暑热之时,扇子挥出的风都是热风,人们挥汗如雨,食欲不振。北方民间有"头伏饺子二伏面"的传统说法,就是因为饺子味美鲜香,且荤素随意,营养全面,是苦度夏日的人们开胃解馋的上佳食物。

自然界的暑热很难消散,古人热衷于在诗词里描绘取凉情景,给自己寻找精神上的清凉空间。唐代李频在《秋夜宿重本上人院》中说:"却忆凉堂坐,明河几度流。安禅逢小暑,抱疾入高秋。"金代庞铸在《喜夏》中说:"小暑不足畏,深居如退藏。"清代乔远炳在《夏日》中说:"薰风愠解引新凉,小暑神清夏日长。断续蝉声传远树,呢喃燕语倚雕梁。"

金胖胖

马未都聊夏天
伏天

伏天的本义是天热潜伏着，躲藏起来。年轻的时候在农村，有一个豪迈的口号叫作"冬练三九，夏战三伏"，想想那些日子，也不知怎么熬过来的。今天是没有机会出那么多汗了，还没怎么样呢，就喊热，就开空调，就想潜伏了。

观复博物馆院子里的两棵法桐树已经成荫，天热，中午客人少时，树上知了声格外响亮，让人体会到"蝉噪林逾静，鸟鸣山更幽"是怎么成为千古名句的。蝉的种类很多，多达千种以上，可大部分人见到的蝉就那么几种，比如我，从小在北京，常见的大的叫"知了"，小的叫"伏天儿"，还有一种个儿特小有点儿淡淡的蓝色，像大个儿的蛾子。

蝉在各地有各种土名，叫声也十分不同，还分先后。大黑知了先出现，一副勤劳大哥的样子；"伏天儿"到了伏天才出现，叫声也"伏天伏天伏天"的，好像是热天里专门给人添烦的；入秋后还有一种小蝉，叫声"威威威威哇——"的，拖长音，傍晚叫得特起劲，小时候脖子都仰酸了，还满树地循声寻找。

三伏主要热在中伏，所以大家都对中伏熟悉。三伏不分上中下、早中晚、左中右，只说初中末，中文因此显得丰富。初伏也叫头伏，我没听说过把末伏叫尾伏的，想想都是语言习惯而已。

如今的伏天是几家欢乐几家愁，卖空调电扇的，卖冷饮冰棍的都欢乐；露天工作的，老人体弱的，还有医院，都发愁；政府很忙，天天发布各种颜色的预警，弄得大家很紧张，不热也热了。只是大知了小伏天儿们每年忠实履责，越热越起劲，让人们知道大千世界就有天生不怕热的，不嫌烦的。

小暑

倏忽温风至，因循小暑来。
竹喧先觉雨，山暗已闻雷。
户牖深青霭，阶庭长绿苔。
鹰鹯新习学，蟋蟀莫相催。

——唐代 元稹
《咏廿四气诗 小暑六月节》

小暑 087

　　时间过得真快,一转眼小暑节气到了,迎面吹来的都是温热的风,再无凉意。雨水增多,天气愈加潮湿闷热,连台阶上都长出了青苔。遵循着物候规律,鹰等猛禽飞上天空学习搏击,蟋蟀羽翼长成,"斗蟋蟀"的游戏可以开始啦。

　　金胖胖站在一簇簇茂盛的绣球花中,耐心等待蟋蟀出现。胖胖身穿月白色绣银线螭龙纹的长衫,与身旁同色的绣球花相映成趣,更显得橘猫胖胖丰神俊朗。绣球花又叫八仙花、粉团花、洋绣球等,颜色丰富,花朵硕大,夏天盛开,为蟋蟀等小昆虫提供了一方阴凉所在。

　　金胖胖在观复猫中以稳重、好脾气著称,此时也被斗蟋蟀的游戏吸引,亲自来寻找蟋蟀的踪影。通过蟋蟀鸣声的指引,金胖胖成功地捕获了一只,放入随身携带的蟋蟀罐里。他双手小心翼翼地捧着蟋蟀罐,眼里闪着喜悦的光芒,却没发现,身旁树叶上还有一只大蟋蟀呢!

猫馆长的节气文物
青花墨彩兰花纹蟋蟀罐（对）

蟋蟀利用翅膀发声，声音响亮，是著名的鸣虫之一。蟋蟀习惯独立生活，尤其是雄蟋蟀，绝不能容忍自己的生活空间闯入另一个同性。一旦发现有其他雄性出现的迹象，蟋蟀会发出鸣声以示警告，如果两只雄蟋蟀碰面了，必有一场恶斗。蟋蟀的这种习性，促发了一项古老的游戏：斗蟋蟀。

这对小罐即为盛装两只即将见面打斗的蟋蟀所用，器型周正，口底用青花勾勒出空心"十"字纹，罐身和罐盖以墨彩绘出簇簇兰花，以及花丛下的蟋蟀。蟋蟀鼓腹弓腿，长须笔直，仿佛马上就要投入战斗。罐底"永战三秋"款，寓意罐内装的蟋蟀能天下无敌。小暑到了，快去捉蟋蟀吧。

小暑　089

民国　青花墨彩兰花纹蟋蟀罐（对）
　　　观复博物馆藏

腐草为萤，土润溽暑

大暑

每年 7 月 22 日至 24 日之间，太阳黄经为 120°，是为大暑。

《月令七十二候集解》："大暑，六月中，解见小暑。"小暑与大暑的关系密切，一目了然，古人说："斯时天气甚烈于小暑，故名曰大暑。"此时天气酷热，气温达到一年中的最高点。

物候：一候腐草为萤；二候土润溽暑；三候大雨时行。

萤火虫，古人称为"丹良""丹鸟""夜光""宵烛"，分为陆栖和水栖两类。其中陆栖萤火虫将卵产在湿度较高的草丛上，大暑时节孵化而出，被古人误解是腐草变成了萤火虫。天气闷热，土地潮湿，雨水愈加频繁。然而此时的雨水开始变得有人情味，雨后会使暑热减弱，不似之前闷热，这说明天气开始向立秋过渡。

东汉刘熙的《释名》解释："暑，煮也，如煮物也。"骄阳之下，将人们置于蒸笼之气般的暑热中，仿佛在室外多待一会儿就会被煮熟了。对抗暑热，人们自有办法，清凉饮料必不可少，西周时期就有冬日藏冰、夏日享用的办法，皇家将冰作为福利赏赐大臣，一直延续到清代。唐代出现了新奇的冰食：酥山，可以看作是冰激凌的原型。到了宋代花样更多，各类典籍记载冰饮如"冰雪甘草汤""凉水荔枝膏""冰雪冷元子""雪泡缩皮饮"等，令人垂涎。国宝《清明上河图》上画有一个小摊子，挂着招牌"香饮子"，售卖冰饮。

天气最热的时候，人们都会寻找阴凉的地方，到了晚间在室外纳凉，女子们"轻罗小扇扑流萤"，男人则更大胆，"懒摇白羽扇，裸袒青林中"。怕热这件事，皇家也不例外，紫禁城内设有冰窖储冰；而最为人熟知的承德避暑山庄，耗时 89 年建成，四面环山，夏季凉爽，是清代皇帝避暑和处理政务的行宫。

花肥肥

马未都聊夏天

酷暑

上海酷暑，气温超过40℃，打破了145年来的气象纪录（2017年7月21日）。我庆幸这一天自己不在上海，但这一天我在景德镇，为中央电视台国庆节日站台。拍摄场地为古建筑，无空调，要自行上下楼梯，稍稍一动则满身大汗。我算耐热的，看拍摄时的其他人，个个汗流浃背，脸如淋雨。

全国都热，连内蒙古草原的赛马都热晕，狗都热毙，今年40℃的高温界线，不少地方都有临近或突破。有个段子说，幸亏后羿射去九日，幸亏开利发明了空调，否则不知日子还能过不能过。

早年有个词今天远去了，叫"苦夏"，说的是暑热难耐，吃不下睡不着，需要熬过去。尤其南方，湿气重，不似北方，室外再热，阴凉处或室内尚可忍，南方则室内比室外更难捱，一入暑天无地躲藏，所以三伏天时，许多著名的城市最著名的街景就是暑天夜间满马路睡觉的市民。

我在杭州、上海、重庆、武汉、南昌、长沙等城市都看见过夜晚满街酣睡、喝酒聊天的人群，看见爷爷奶奶或姥姥姥爷为孙儿们摇扇轰蚊的亲情画面，那时的苦夏虽苦，但人情温馨，构成了一幅和谐的市井生活而被载入史册。

今天，人们都躲进室内，追剧、打游戏、上网看直播，城市的夏天一进入高温就变得面目可憎，没有了路边的哭声、笑声、打情骂俏声，没有了街坊邻里的家长里短，没有了下棋、打扑克、搓麻将的街头娱乐，没有了全世界看中国苦夏一景的文化现象，剩下的只有一份担心，千万别停电啊，一停电这城市、这日子可如何是好？！

大暑

草腐萤光散,
星中暑气微。
抽簪期晚岁,
相许扣禅扉。

——宋代 丘雍
《送僧归护国寺》(节选)

大暑

萤火虫是一种奇特的生物，尾部可以发出荧光，且大多数品种都在夜间群体活动，看起来美丽且具浪漫气息。夏季破卵而出频繁可见的萤火虫，是大暑节气的重要物候特征之一。

大暑时节，湿热之气蒸腾，古人称为"齷齪热"，今人称为"桑拿天"。观复猫长者花肥肥感到闷热，无法入眠，于是披衣携杖走到户外，希望感受些夜晚的清凉。花肥肥走到一处僻静林中，草木繁茂幽深，漆黑的夜色里，忽然次第闪现一缕缕微小光芒，成百上千的萤火虫在飞舞。一闪一闪的荧光把树林渲染出朦胧轮廓。花肥肥倚坐树下，欣赏漫天荧光的美景。风静，林静，身静，心静，感受到清凉之意的肥肥露出满意的微笑。正如宋代高僧释净端所作《述怀》一诗："晦迹归岩坞，僻居人到稀。披衣眠静榻，策杖绕荆扉。远谢名兼利，能忘是与非。松风祛暑薄，山月照萤微。"所谓心静自然凉，通透达观的花肥肥与你共勉。

猫馆长的节气文物
柏木冰箱

在没有空调和电的古代，如果能有一块冰，既能散发凉气，又能调制冰饮，该是多么奢侈和享受的事情啊！夏日炎炎，冰从哪儿来呢？聪明的古人在冬天就要备好藏在冰窖中，称为"窖冰"。紫禁城里就有专门的冰窖，夏天取冰供宫廷使用。

古代也有"冰箱"，纯天然不用电，是我们祖先的智慧。此件冰箱，以柏木制箱体，内壁以锡包裹，可以长时间存冰。冰箱有两盖，盖子上镂出铜钱纹孔洞，可以散出冷气。箱体下方亦有孔，可以排出冰水。箱体有金属加固，设四提手，便于搬运。夏日里，置冰于箱，给室内降温；还可以将瓜果时鲜放于冰箱内，食用时冰爽惬意。

大暑

清代　柏木冰箱
观复博物馆藏

斗指西南，维为立秋

立秋

每年 8 月 8 日前后，太阳黄经为 135°，是为立秋。

《月令七十二候集解》中说："秋，揫也，物于此而揫敛也。"揫（音 jiū）有聚集、收敛之意，是说秋天万物都有所收敛，是收获的季节。《礼记·月令》中提到立秋这一天，天子会亲自率领三公、九卿、诸侯、大夫，到西边郊外举行迎秋之礼。礼仪结束之后再返回宫中，赏赐军队中的将领、士兵。

物候：一候凉风至，二候白露降，三候寒蝉鸣。

稻谷成熟的时候秋天就来了，因此"秋"字，左禾右火。这个时节早晚的天气已经渐有凉意，正是夏秋交替的时候，秋凉的同时仍有随时会蹿出来的"秋老虎"，提示人们伏天还未过去。由于温度的差异，植物上会凝结有小水珠，就是二候中说到的白露。白露出现为秋蝉提供了饮水，便开始肆意鸣叫。

收获是秋季的主题，一句"贴秋膘"再幸福不过了。其实正是因为秋风的清凉催开了大家的食欲，在这个物资充盈的秋天赶快大口吃肉，弥补夏天酷暑的消耗。在这天吃上一口西瓜，被称为"咬秋"，意思是抵挡炎炎夏日的秋天终于来了，一定要留住这份清凉。

秋天是观复博物馆最漂亮的时候，满墙五颜六色的爬墙虎在阳光下十分夺目。而在江西、安徽等地的山区农村也有着同样的绚丽，来自各类果蔬的成熟。晒秋是农民在秋天将农作物进行晾晒的活动，在立秋这天最为壮观。收获意味着繁忙，为秋收准备的农贸集市有另外一个名字，叫"秋忙会"，骡马市、粮食市、农具市，以相邻村庄为主，以物易物获得生活所需，其间还有社戏等娱乐表演。通过众多的民间活动和习俗可见立秋的重要，《新唐书·礼乐志》有云："立秋立冬祀五帝于四郊。"到了宋代，更有男女佩戴楸叶的风俗。《临安岁时记》中还记载了用秋水吞食七粒赤豆的习俗。

黄小仙

马未都聊秋天
酸枣

春天买回的委身于太湖石上的枣树真是棵酸枣,一夏天没断了开花。说实话,我几次凑上前也没闻见香味,但一树米黄色小花已沁人心脾,尤其当先前的花已结成青青的枣,后边的花依然孜孜不倦时,让人醉后怦然心动。

历经一夏,石缝中的青草败了几茬儿,栽上几丛家不家野不野的小花反倒开起来没完,许多参观观复博物馆的人喜欢在此留影。将来博物馆宽绰了,我会在旁边设置石桌石凳,放上茶壶随意品茗。

秋风起了,但天还不算凉,酸枣也悄悄红了,一树青红两色圆圆的果实,衬得小树别样风情。我少年时常去北京远郊山区,最喜上山摘拾酸枣。人年少时极为耐酸,多酸之果入口牙也不晃不倒,满口生津,回味无穷。那时北京卖杂货的小店里常卖一种食品,叫酸枣面,虽为面也往往呈现块状,掰下一块放入口中,其酸直通九窍,有时酸得让人顾不上牙碜。

我拿着相机为酸枣头年丰收留影。也许它已在荒郊野外结果无数,但入主观复博物馆乃第一年。本想等待一场秋雨,湿漉漉地让小树如同出浴的美女,无奈阴云几日也不见雨滴,秋风又多事地刮晴了天,美中总有不足。于是,我端来一碗水,煞有介事地朝酸枣树喷了几口,果与叶立刻湿润起来,变得十分上相。这让我知道了生活中的事多数是半真半假。酸枣是真的,雨水是假的;心情是真的,情景是假的。拍完照,我顺手摘下一颗酸枣放入口中,立刻牙倒齿无,其酸无比,人不到年纪真的不知生活中何为酸,何为甜,何为酸甜。

立秋

云惹低空不更飞,
班班红叶欲辞枝。
秋光未老仍微暖,
恰似梅花结子时。

——宋代 秦观
《秋词二首》(之一)

立秋

《淮南子·说山训》中说"见一叶落而知岁之将暮"。黄小仙手执一片红色枫叶,秋日已经到来。秋风落叶,小仙的眼中有丝丝不舍。但四时流转是大自然的规律,喵又怎会不知。黄小仙席地而坐,长裙曳地,温柔的橘之毛色为秋日增添了几分暖意,也和秋叶最为搭配。

　　黄小仙灵动可人,琥珀色的眼睛总能看透很多似的。"猫和人都有自己的命理",她自然是明白的,所以总是随性而为,如此反倒没有矫情,落落大方。橘猫的命理是什么?是唐风的美感,是尝尽天下小鱼干的福气。小仙是逃不掉的,因此成就了丰腴的体态,如此风景下更衬托了物资丰富的秋天。"自古逢秋悲寂寥,我言秋日胜春朝。"看到黄小仙就知道了,还是刘禹锡说得好。秋高气爽是秋天,色彩斑斓是秋天,硕果累累还是秋天。虽说"人生一世,草木一秋"多少有些悲凉,但如此不是更应该享受这样的短暂,才不至于辜负韶华。

猫馆长的节气文物
虎皮三彩碗

初秋并没有那么萧条，反而多了一些平日见不到的色彩。树叶开始泛黄，枯萎的深棕色、还未风干的嫩黄色、不甘秋风扫落的绿色会一同出现。陶瓷馆中有一件色彩极其相似的小碗，被称为"虎皮三彩"。由绿、黄、赭色的大块色斑组成的抽象纹饰，人们常常戏称这是一盘"地三鲜"的颜色，没什么不行，秋天的富足可以满足你。

素三彩是在高温烧造的白色素胎上加彩二次烧造完成的，尤以康熙时期的作品最负盛名。而虎皮三彩瓷器是康熙素三彩瓷器中的新品种，因为与老虎的斑纹相似而得名。"素三彩"的说法首先出现在清代寂园叟的《陶雅》中："西人以康熙黄、茄、绿三色之瓷品为素三彩。"其中"素"所要表达的含义是没有红颜色。民国初年许之衡的《饮流斋说瓷》中也提到："茄、黄、绿三色绘成花纹者谓之素三彩。"

立秋

清康熙　虎皮三彩碗
观复博物馆藏

急雨消残暑，旷然天地秋

处暑

每年 8 月 23 日前后，太阳黄经为 150°，是为处暑。

《月令七十二候集解》中说："处，止也，暑气至此而止矣。"民谚说"立秋处暑天气凉""处暑热不来"，处暑以后夜晚就没有那么难熬了，纳凉的大蒲扇可以束之高阁等待来年。

物候：一候鹰乃祭鸟，二候天地始肃，三候禾乃登。

处暑时节翱翔于天空的鹰隼开始大量猎食鸟类，以作为自己的能量补充。《列子·黄帝篇》说："黄帝与炎帝战于阪泉之野，率熊、罴、狼、豹、虎为前驱，雕、鹖、鹰、鸢为旗帜。"可见古人认为熊、鹰等猛兽猛禽与战争相关，此节气前后鹰的变化更强调了肃杀的气氛。不只动物，天地间万事万物都呈现凋敝的趋势。与此节气相关的是，古人要在秋天开始行刑，处决犯人，被称为"秋决"。三候中所谓"禾乃登"，即是谷物成熟的意思，与人们日常所说的吉祥语"五谷丰登"应是同义。"民以食为天，国以民为本。"中国人似乎对食物特别看重，既是五谷丰登的好时节，就象征着风调雨顺，国泰民安。为了讨个好彩头，中国先民需要进贡新收获的黍、稷、稻、粱等物给天子。

"急雨消残暑，旷然天地秋。露萤矜熠熠，风叶送飕飕。凉簟惟添睡，明河不洗愁。流年又如此，随处怯登楼。"这是陆游的诗句，不难感受到处暑时节确实"一场秋雨一场凉"。所谓秋高气爽，诗人用了"旷然"二字，酷暑时似乎太阳把空气都烤得一颤一颤地流动，一到处暑呼吸都顺畅了很多。因此处暑过后，正是外出秋游欣赏秋景的好时候。秋风起，刮黄了树叶，刮散了云彩，也有"七月八月看巧云"的说法。

牛魔王

马未都聊秋天
秋雨

  连续出门都在南方，红花绿树风和日丽的，昨天飞机落地已是晚上，北方一片漆黑，到家很累早睡。一觉醒来看看表已过八点，但天并没有亮，阴沉着脸，有雨未下。

  只能调整一天，明天又要出门，去台湾参加会议。台湾的天气一定晴朗，不像北京，本来应该是最好的季节，不知何故，今年的秋天特短，天冷得也早，雨水又多。秋雨与春雨不同，秋雨一场比一场寒，下不了几场就和秋天告别了，迎来漫长的冬天。

  去办公室之前先去理了发，一来为出门精神些，二来为心情能高昂些，可谁知理完发坐上车一路细雨，天阴暗得很，和心情较劲，怎么也不放过我，让人沮丧。车开进博物馆，草坪依旧碧绿，这种草不耐热却耐寒，天热时老枯死，一片黄一片绿的，这会儿却十分得意；满墙的爬墙虎开始红了，一阵风过后有几片叶子飘落下来，古人说一叶知秋，想来不是瞎说。

  我坐在办公室的玻璃房内，下午两点时天黑得几近如夜，雨憋着也不痛快地下。与朋友一边聊天一边看着与秋天无关的景象，心想确实也没规定秋天一定秋高气爽，到了日子不管什么样的天气也是秋天。

  雨终于按天气预报下来了，真是难得。秋雨霏霏是一份诗意心情，但这忽紧忽慢忽大忽小的秋雨实在找不出能与之配合的心情。人有悲欢离合，月有阴晴圆缺，雨有紧慢大小，不知为何在今日在今年。

处暑

日月跳丸逝不留,
吟蛩得意蜕蝉忧。
终更末伏应无暑,
望见中元便有秋。

——宋代 苏洞
《次韵虞叟九兄七月一日作》(节选)

处暑

　　牛魔王一袭黑衣刀客装扮，头戴帷帽更显得神秘莫测。画面以冷色调为主，凸显处暑时节暑气渐渐远去，取而代之的是昼夜温差加大的凉意。处暑之际有中国农历的"乞巧节"和"中元节"。七夕为中国传统的情人节，也是少女们向织女星祈求智巧的节日；而"中元节"又称"鬼节"，民间有祭祖、布施等重大活动，还有"放河灯"的习俗。

　　牛魔王静静地站在河边，河中各式河灯向远处飘走，带着人们的思念和希冀。暑去秋来，一年已过大半，除了怀念逝去的亲人，走过的光阴也值得纪念。牛魔王表情肃穆，不知这位刀客曾经历了什么，眼前只有清冷的夜和河水。谁能想到这青黑色帷帽下的冷酷江湖猫竟然是个南方妹子，既是英雄不问出处，又何必在意。回到现实，小牛是从广东不远千里来的猫，因鼻上一白环而得名，虽然少了点儿南方喵的婉约，却和北方的四季分明十分搭配。

猫馆长的节气文物

铜鎏金鹰

鹰是天生猛禽,处暑时节大量捕猎鸟类。鹰具有极强的捕猎能力,因此成为游牧民族的得力助手,并且鹰有"英雄"之意,深受人们的喜爱。

此件小鹰为铜制鎏金。鎏金工艺早在战国时就已经出现,汉代时技术已经发展至很高水平,唐代时大量运用于金属器装饰。其方法是将黄金锤成金叶,剪成细丝,按比例加入水银混合成金汞,涂抹于器物表面,而后加热器物,水银蒸发,剩下金则紧密留存于器物表面,光泽亮丽,犹如华贵金器。

鹰呈敛翅站立状,微微侧头,目光如炬,炯炯有神,喙尖爪利,整体造型极为威猛,仿佛下一刻就会振翅起飞,冲向猎物。鹰身雕刻细致,羽毛层层覆盖。唯有眼睛上方刻出细细睫毛,反倒给猛禽制造了一丝呆萌的效果。

处暑

清代　铜鎏金鹰
观复博物馆藏

鸿雁来，玄鸟归

白露

每年 9 月 7 日前后，太阳黄经为 165°，是为白露。

中国古人常常以四时搭配五行，《月令七十二候集解》中说："八月节，秋属金，金色白，阴气渐重，露凝而白也。"人们虽然没有猫咪这么敏感，还有各种科技设备保证恒温的生活状态，但到了白露时节，天气的变化已让你不得不关注了。所谓白露，即树木或其他物体上由于冷热温度变化凝结的细小水珠，这个时候已经到了农历的八月份。

物候：一候鸿雁来，二候玄鸟归，三候群鸟养羞。

不难看出白露的三候说的都是鸟。二十四节气中的物候变化是以我国黄河中下游地区的气候为依据的，与北方人对大雁来去的理解正相反，白露的第一、第二个物候表达为"鸿雁来，玄鸟归"，指大雁和燕子等候鸟因为北方天气转凉而南下越冬。大雁在我们的文化中有非常好的寓意，也被誉为禽中之冠。雁有五德：仁、义、礼、智、信。一队大雁从不放弃老弱病残是雁的仁德，雌雄相配从一而终是雁的情义，飞行时长幼有序是恭敬礼让，头雁带队群雁中仍安排有警戒是雁的智慧，南北迁徙从不爽约被认为是雁的信义。

白露第三候说"群鸟养羞"，这其中的"羞"字同"馐"，所谓珍馐美味即指美味的食物。鸟类感受到天气的变化，知道将要越冬，不仅开始努力长毛以御寒，更重要的是囤积食物备冬，南宋鲍照《蒜山被始兴王命作诗》云："玄武藏木阴，丹鸟还养羞。"正是此意。

在古时，人们对于露水有着特殊的情感和认知。比如诗经中著名的词句："蒹葭苍苍，白露为霜。所谓伊人，在水一方。"将白露和人之间真挚的情感联系到一起。而关于白露也有更为神奇甚至荒诞的故事，《洞冥记》载："东方朔游吉云之地……得玄黄青露盛之璃器以授帝（汉武帝）。帝遍赐群臣，得露尝者，老者皆少，疾病皆愈。"可见古时人们对于露水也有祥瑞吉庆的理解。

杜拉拉

马未都聊秋天
红叶

博物馆外墙爬满了爬墙虎,一年四季变化多端。每年当第一片红叶出现时,我就知道秋天来了。

红叶最有名的观赏点是香山,香山是北京秋天最好的去处,年轻的时候我去过几次,云蒸霞蔚,想不激动都难。对物与对事的态度理应不同,对物热情,对事冷静,乃文人之法宝。所以,杜牧诗中说:"停车坐爱枫林晚,霜叶红于二月花。"

落叶植物有些怪,绿叶为生,天一凉先给你点儿颜色看看,然后羞羞答答地悄悄飘落,准备过冬。历代文人感叹春华秋实,见落叶感慨良多。心情好时,满目红叶,如火如荼,"林间暖酒烧红叶,石上题诗扫绿苔"(白居易);情绪低落时,黄叶飘零,凄凄惨惨,"雨中黄叶树,灯下白头人"(司空曙)。

人生与红叶(黄叶)相似的是白头,老了头发也变色,但不循环往复。头发由白变黑,返老还童只是个美好愿望,欲实现它多数也是妄想。

这些年,秋天去香山看红叶的游人每年都在增加,车水马龙,人满为患,想着这个景象我就没了兴趣。朋友们约我去,我说等叶都落光了吧,那时人少,看满地落叶铺红会是另一番景观。朋友不以为然。

景观都在自己心中,叶红叶黄心中的感受大于客观的表达。物候有四季,人生也有四季,心情同样,四季分明。观复博物馆门口攀爬的爬墙虎,实实在在地告诉每一个人这一朴素道理。

白露

凉哉草木腓,
白露沾人衣。
犹醉空山里,
时闻笙鹤飞。
——唐代 孙逖
《葛山潭》（节选）

白露

　　稳重大气的杜拉拉穿广袖长衫极目远眺,银白色的毛发和白露时节正相呼应。背景中优雅的仙鹤,或低头不语,或展翅飞翔,更衬托了拉拉这位美男子的飘逸风采。

　　喵星人的祖先来自非洲沙漠,虽然有北方猫这样的说法,但趋向舒适宜居是动物的天性。猫靠脚垫散热,天气渐凉自然需要保证肉垫的温暖,揣手是喵星人取暖的标准姿势。

　　拉拉平时是个不出门的御宅党,依靠蓬松的毛发和贵族气质圈粉无数,变身古风猫之后依然是个温润如玉的佳公子,莹绿色的眸子为白露增添了几分亮色。唐代李绅说:"四时嗟阅水,一纪换流年。独有西庭鹤,孤鸣白露天。"拉拉出现的时候虽然谈不上万众瞩目,但也多少能给大家带来一份安静和舒适,这就是所谓的气场。秋冬时节含蓄内敛,一切都准备进入休憩状态,静待来年的新生,正适合杜拉拉不争不抢又令人瞩目的特质。

猫馆长的节气文物
紫檀百宝嵌飞鸣食宿拜匣

二十四节气中提到最多的动物就是大雁,而文学表达中将动物拟人也相当常见,此件拜匣以芦雁的"飞、鸣、食、宿"来对应现代人的生活状态。飞翔是生存技能,人生活在社会中也要掌握一技之长;鸣叫象征人类的情感宣泄,也对应人类的语言或者说信息互换;第三是"食",动物和人不论生活状态如何,维持温饱都是最基本的要求,是生命质量的基础保证;最后是"宿",与"食"相似,休养生息同样重要。可以看出,后两个状态是前两个状态的基础和保证,通过一个古人的固定的画片内容也感受到先人的智慧。

拜匣,是盛放古人拜帖的容器,《清稗类钞·风俗类》"谒客"条:"凡至官厅及人家,投谒、答谒,由从仆以名刺交阍人,既通报,客即先至客堂,立候主人。"这里所描述的就是清末时期到官宦人家拜访时的大概流程。

白露 | 2 |

清雍正　紫檀百宝嵌飞鸣食宿拜匣
观复博物馆藏

阴阳相半，昼夜均，寒暑平

秋分

每年9月23日前后，太阳黄经为180°，是为秋分。

秋分与春分一样，这一天的昼夜长短平均。《月令七十二候集解》中说："秋分，八月中。解见春分。"节气中的"二分二至"对于我们有着特殊意义，自古有春分祭日、夏至祭地、秋分祭月、冬至祭天的习俗。北京的日坛、月坛、天坛、地坛等就是清代帝王为祭祀而兴建的场所。中秋节应是从秋分祭月的活动发展而来，《北京岁华记》中说："中秋夜，人家各置月宫符象，符上兔如人立；陈瓜果于庭；饼面绘月宫蟾兔；男女肃拜烧香，旦而焚之。"

秋分时节到处都景色宜人，除了欣赏秋景，各色活动自然也是少不了。秋分这天人们会玩一种"竖蛋"的游戏，民谚说"秋分到，蛋儿俏"，游戏方式很简单，即将鸡蛋慢慢地在一个平面竖起来松手，蛋不倒视为成功。其实每天都可以玩这样的游戏，只不过据说秋分这天地轴与公转轨道平面处于相对平衡的状态，竖起鸡蛋的游戏更容易成功。

物候：一候雷始收声，二候蛰虫坯户，三候水始涸。

从秋分开始雷声逐渐减少，古人相信阴阳之说，认为雷声因阳气旺而发声，秋天阴盛阳衰，因此雷声减少。藏在土地里的小虫子自然是能灵敏感知气温的变化，它们用泥土把居住的巢穴挡起来准备过冬。从秋至冬，雨水逐渐减少，各类水系中的水量开始由于蒸发而随之减少，因此秋分的第三候叫作"水始涸"。

春季万物生发，而秋季天地收敛，为越冬养精蓄锐。秋分当日有一种时令吃食，叫作秋菜，是生长在岭南地区的一种野苋菜，也叫秋碧蒿。适逢秋分采来新鲜嫩绿的秋菜与鱼片煮汤，被称为"秋汤"。有俗语说："秋汤灌脏，洗涤肝肠。阖家老少，平安健康。"

韩昏晓（左） 庄太极（上，右）

马未都聊秋天
秋雷

一声闷雷，震得床都动了一下，醒了，看了一下表，4点10分。眼睛闭着，嘱咐自己接着睡，一道闪电，隔着窗帘，隔着眼皮都亮了一下，知道自己再也睡不着了，索性就竖起耳朵等雷声到来。

雷声滚滚，不脆，秋雷。春雷惊蛰，万物苏醒，秋雷则将生命之火收敛，蓄之来年。每年总是有来年的，这才构成生命的循环往复，才让我们感到无时不在的生机。

白天的时候啸建带着夫人及双胞胎女儿从伦敦来博物馆看我。相见的瞬间我们都感到日子过得太快。见面是前几日短信约好的，没通话，不是不能通话，而是不想通话，要保持见面时的新鲜感。上次分手时并不知此次的见面，一晃至少25年已在人生中划去，犹如一道闪电。

那时我在出版社当编辑，天天与各路作者（今天都已被唤作作家）打交道，每位作家都极富个性，有性格本身的，也有地域性的。我们俩念叨了一下，如今有当了各级作协主席的大作家，也有许多才华横溢的作者已经故去，更多的却是没了音讯的朋友，不知是否已经改行。

隔了这么久相见，只有回忆。回忆让生活变得生动而具体。啸建兴致勃勃地说着往事旧人，有的我记得，有的我已茫然。30年前，正值文学从压抑中释放，命运将有共同能力的人凝聚在一起，然后一起谱写了那个时代的篇章。今天看来，那个让人激动的时代已成为平淡的往事。

分手时啸建的一句话让我感慨良多，他说人生太快，不知我们一生还能有几次见面机会。25年前他断然是不会说这话的，这就是人生，当它明显过半的时候，你才知道越来越短、越来越快的日子越来越重，越来越醇。

秋分

木落诸峰见,
山空一叶闻。
祇应盘石上,
闲坐对秋分。

——明代 屈大均
《送客》(节选)

秋分

韩昏晓（左） 庄太极（右）

　　北方地区天气已渐凉，秋风阵阵，丹桂飘香，蟹肥菊黄。自古以来都有描绘秋分时节的诗句，唐人说："穷秋感平分，新月怜半破。"宋人说："平分秋色一轮满，长伴云衢千里明。"
　　远山流水时隐时现，近处银杏树下两猫相依玩弄手中的花果。《春秋繁露》中说："秋分者，阴阳相半也，故昼夜均而寒暑平。"这两只猫均是难得的阴阳脸，一明一暗代表秋分这天不偏不倚的昼夜平分。白、黄、黑三色交织满布全身的喵，被称为"三花猫"，而不带白色则是猫谱中的名猫"滚地锦"。韩昏晓的名字来自唐诗"造化钟神秀，阴阳割昏晓"。庄太极则是毛色与玳瑁海龟类似而得名的"玳瑁猫"，因脸部特征而引用天地阴阳之灵气。画中两喵身穿抹胸襦裙，外罩广袖长衫，韩昏晓神情慧谑，庄太极低头含笑。秋风渐起，吹动两喵的裙摆，静中有动，十分精彩。昏晓微微侧头，仿佛偷偷看旁边的小太极在笑些什么。

猫馆长的节气文物
黑漆嵌骨八卦纹八方盒

秋分者,阴阳相半也。阴阳的概念非常古老,《易经》中说:"易有太极,是生两仪,两仪生四象,四象生八卦。"八卦以长短不一的横线相互组合形成图样,与天象地理息息相关,是中国古代先民认识这个世界的一种方式。

中国人使用漆的历史可以上溯至河姆渡文化时期。"漆"字原写作"桼",字形其实表达了人们获取漆的方式,从漆树上割口使液体从中流淌出来以获得。刚获得的漆呈乳白色,经过在空气中的长时间氧化,会慢慢从棕色变至深棕色最后变成黑色,因此我们经常说"漆黑一片"。

人们早期使用漆是为了防止木材因为潮湿而腐败,延长其使用寿命,后来漆的工艺越来越成熟,开始产生各种各样的工艺,比如剔红、剔黑、剔犀、雕填、镶嵌等。此件漆盒即为木胎施大漆,立壁嵌湘妃竹,盒盖以兽骨镶嵌太极八卦纹饰,提醒人们中国古老的哲学智慧。

秋分 129

清早期　黑漆嵌骨八卦纹八方盒
观复博物馆藏

露气寒冷，将凝结也

寒露

每年 10 月 8 日前后，太阳黄经为 195°，是为寒露。

《月令七十二候集解》中说："九月节，露气寒冷，将凝结也。"古人说得很明确，此时露珠似结未结。我们国家地域广阔，南北跨纬度约 50°，寒露时北方地区已经进入深秋甚至迈进冬天，而长江中下游地区还在 10℃左右的仲秋。

物候：一候鸿雁来宾，二候雀入大水为蛤，三候菊有黄华。

秋分节气提到过的大雁，在寒露节气时已经抵达南方。二候现象听起来有点儿匪夷所思，雀鸟怎么会飞入水中化为蛤蜊？其实是古人观察到雀鸟在深秋时都不见了，海边却突然出现了很多蛤蜊，而蛤蜊壳上的纹理与雀鸟的羽毛很相似，便以为是雀鸟所变。秋季最具代表性的花当属菊花，陶渊明爱菊，因此写下"秋菊有佳色，裛露掇其英"。梅兰竹菊被誉为花中四君子，秋开的菊花更有"花中隐士"之称，象征高洁、不与世俗相争的傲骨。屈原的《离骚》中提到菊花："朝饮木兰之坠露兮，夕餐秋菊之落英"。正因为菊花婉转含蓄，今人多用黄色和白色菊花缅怀逝者。与黄色菊花相对应的则是秋季另外的一个代表：红色枫叶。杜牧有名句"停车坐爱枫林晚，霜叶红于二月花"。

黄菊配红叶，此时秋意正浓，人们的生活中少不了外出的计划。重阳节也在此时，登高、观景是重要的民间活动。在我们的传统文化中，"九月九"两个极阳数相遇，即是终极，意味着回归初始。曹丕在《九日与钟繇书》中说："岁往月来，忽复九月九日。九为阳数，而日月并应，俗嘉其名，以为宜于长久，故以享宴高会。"

杨玉环

马未都聊秋天
菊

晚饭吃得有些过多,提早下了车踱步回家。临近家时,见路边摆出一溜儿菊花,在路灯下,在车水马龙的道路旁,显得别有一番风情。秋天来了,谁说也不如盛开的菊花,菊花不言,秋风已在。

没有菊花的秋天连秋风都会冷飕飕的,有了菊花便会不一样。我小时候每到秋天都去中山公园看菊花展,那些叫不出名的品种一盆比一盆惊艳。北京那时没有卖花的大棚,集中看花一定得去公园。中山公园的金鱼和菊花最为有名,各占一个季节,春鱼秋花,在童年的记忆中都是快乐。

后来"文化大革命"开始了,养花养鱼成了罪过,中山公园可看的只剩下鼓舞人心的大标语和红旗。我下乡后再看见的菊花都是野菊,无姿无势,肆意恣情,田间地头,单株也开,成片也放,只是花朵没有人工培育的那么硕大,那么俗艳,那么矫情,因而我也就没有那么仔细、那么认真、那么世故地去观赏了。

菊是中国花,中国人有意识栽培菊花至少三千年了。到了宋代,菊谱存世于今的就有《史氏菊谱》《刘氏菊谱》《范村菊谱》《百菊集谱》等,可见古人对菊的情感。大约在东晋,就是陶渊明生活的那个时代,菊花由朝鲜传入日本,日本人对菊花情有独钟,最终形成了"菊与刀"的双重文化特性。而我们对菊仍保留着最初的情感,中国人认为菊代表一种品质,洁身自好,傲霜斗雪,超凡脱俗。历代文人皆以咏菊为乐事,我有时也想凑数写上两句,无奈面对古人的佳句没了勇气,有勇气的是在路旁与小贩讨价还价,高高兴兴地买回两盆菊花,一黄一紫,一肥一瘦,一高一矮,蓬荜生辉。

寒露

袅袅凉风动,凄凄寒露零。
兰衰花始白,荷破叶犹青。
独立栖沙鹤,双飞照水萤。
若为寥落境,仍值酒初醒。
——唐代 白居易《池上》

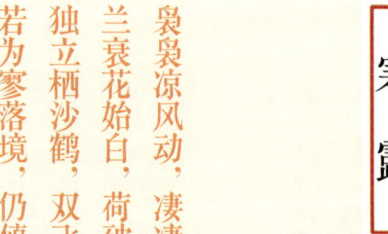

寒露

农历九月迎来的节气是寒露,所谓寒露是一个中间状态,此时的天气已经越过清凉走向寒冷。"七月流火,八月未央,九月授衣。"人们一直对《诗经》中的这句话存在着误解,原意应为农历七月星宿向西偏移,天气转凉,到了八月仍在移动,九月到来的时候就快进入冬天了,人们要准备棉衣。

猫也早早开始发毛,积蓄能量过冬,秋冬之际正是长毛猫穿上皮毛大氅的时节。唐风美喵杨玉环体态丰腴,衣裙飘飘,眉心一点红色花钿更增容色娇媚。杨玉环站在一株白茶花后颔首闭目,似在轻嗅淡淡花香,又似在回忆美好往事。单瓣白茶花与玉环所穿衣裙极为相配。

进入秋季,万物收敛,但茶花的花期却很长,为萧索的秋季增添生气。南方天气寒冷时也会见到被冰霜包裹着的盛放的茶花,娇艳欲滴中还有几分傲骨,很像我们的美喵杨玉环。

猫馆长的节气文物
黄釉粉彩菊花纹菊瓣盘

　　粉彩是釉上彩品种之一，创烧于康熙年间，在雍正、乾隆两朝发展成熟。《饮流斋说瓷》中提到："软彩又名粉彩，谓彩色稍淡，有粉匀之也，硬彩华贵而深凝，粉彩艳丽而清逸。"粉彩在绘制的过程中加入玻璃白，使绘制出的颜料更加适合表现色彩的深浅变化，追求真实。

　　这件黄釉粉彩小盘先模制成菊瓣形，内绘粉彩菊花纹，工艺复杂、器形规整。正如人们知道的那样，古时皇家对于黄色的使用规定十分严格，自唐代开始历代沿用完善此项规定，至清代分为八个等级，外黄内白者为后宫皇贵妃所能用到的器物。"黄"与"花"正是皇家气象、繁花似锦的意向表达。

　　菊花是秋季的代表，有高洁出尘的含义，被誉为花中的隐者。东晋陶渊明爱菊，写下名句"采菊东篱下，悠然见南山"，表现的正是对隐居田园生活的向往和追求。

寒露　137

清乾隆　黄釉粉彩菊花纹菊瓣盘
观复博物馆藏

气肃而凝，露结为霜

霜降

每年10月23日前后，太阳黄经为210°，是为霜降。

《月令七十二候集解》中说："九月中，气肃而凝，露结为霜矣。"时光轮转，岁月变迁，古人又一次用到了大雁来描述时节变化。清代蒲松龄说："鸿飞霜降，不知几度，云树之思，无日忘之。"此时的中国广袤大地虽然都在忙着秋收，但北方已进入尾声，南方正在农忙。依古时传统，霜降当日各地教场要举办规模宏大的收兵仪式，前期必须全副武装，霜降当日清晨所有武将会集演武厅行三跪九叩大礼，开始仪式，其用意是拔除不祥以保国泰民安。

物候：一候豺祭兽，二候草木黄落，三候蛰虫咸俯。

豺、狼一类的动物在霜降左右开始大规模捕猎，进行冬季食物的储备，古人看到猛兽捕猎而不食，以为是豺狼在以食物祭祀天地。"人生一世，草木一秋"，树叶枯萎被秋风扫落，是此时最常见的景象，正所谓"碧云天，黄叶地"。宏观上，大型动物在霜降期间有行为上的变化，微观世界同样有改变。蛰虫咸俯，意思是昆虫都低下头来蛰伏在自己的洞穴中，甚至停止饮食，有点儿冬眠的状态。

传统文化中，讲究各个时令季节有相对应要进食的食物。霜降当天要吃柿子，"霜降不摘柿，硬柿变软柿"。据说吃了柿子可以御寒保暖，防止嘴唇开裂，增强筋骨。如果要贴满一秋的膘儿，那只吃柿子显然是不够的，天气越来越寒冷，食用羊肉进补是首选，霜降吃"煲羊肉""煲羊头"的习俗应运而生。

段花花

马未都聊秋天
秋之黄

按说秋天来得忒急了，民国文人笔下的北京之秋最美，可惜持续不了几天。尤其今年（2017年），夏日的暑气还没有消退，冬天的寒意不打招呼就贸然登场。这几天，叶子未黄先落，连观复猫都早早回了屋，躺在暖暖的窝里隔窗看景，比我们还自在。

满街的人着装与冬天差异不大，变得暗淡起来，女人的大围脖捂得只剩下美丽的眼睛。阳光斜射，阴影分出了树的层次，带叶的树木不知为什么比夏天多了沧桑，不言不语，等待更严酷的寒潮到来。北京这几天风冷雨骤，让人们感到今冬一定难过。

难过也得过啊，人类的历史就是与自然相依相偎、相爱相杀的历史，在没有供暖的过去，也不知人们都是怎么抵御严寒的。我说过，毅力能让我们多出一倍的能力，无论做什么，没有毅力也就没有能力，事倍功半。

满绿的秋树突然一块块地黄了，黄色本来可以为秋平添美色，可惜今年的秋之黄让人心中疑惑，实在不解为什么同样是黄，今年的黄没有了暖色而多了一股妖气……

冬天来就来吧，漫天飞舞的大雪，凛冽彻骨的寒风，冰天雪地也不过是"千山鸟飞绝，万径人踪灭"的意境，本着"孤舟蓑笠翁，独钓寒江雪"的心态过冬，忽然感到柳宗元很伟大啊，写萧瑟，写孤独，写心境，写意象，谁也写不过他的这首《江雪》。

霜降

倚槛穷双目，疏林出远村。
秋深山有骨，霜降水无痕。
天地供吟思，烟霞入醉魂。
回头云破处，新月报黄昏。
——宋代 江定斋
《列岫亭》

霜降

"千林扫作一番黄，只有芙蓉独自芳。唤作拒霜知未称，细思却是最宜霜。"如果说上一个节气是白露将凝结为霜的状态，那么此时，早霜已经出现了。

段花花是观复猫中的又一位翩翩公子，在矮桌前席地而坐，手中托着一个青色盖碗，热茶冒着的水汽能看得非常清楚。桌上放着茶匙、竹镊、盖罐、一盘简单的茶食，还有一枚刚刚采摘下的柿子。器物朴素，毫不华丽，但带来一股清雅的文人气，足见主人的高洁质朴。段花花的屋里并没有过多的装饰布置，颜色淡雅，唯一的暖色就是桌子上的那枚柿子和背景延伸至画外果实累累的柿子树枝。柿子树结满果实时树叶早已干枯，远看一片沉甸甸的幸福。

段花花此刻正在沉思，眼中有说不尽的故事。成熟的果实象征秋日的收获，春华秋实，树木和人、猫一样，这一年余下的时光重在享受成果和休憩，静待来年。

猫馆长的节气文物
影青釉柿形盒

　　景德镇在北宋以后逐渐走上创新之路。景德镇创新的瓷器叫青白瓷，又叫"影青""映青""隐青"，介乎青瓷和白瓷之间，颜色偏蓝。明朝宋应星的《天工开物》里称影青是"素肌玉骨"，评价非常高。由于景德镇的瓷土好，烧造出的瓷器质量堪称有史以来最好的。在所有的宋瓷中，影青是最薄的，声音是最清的。

　　影青中有大量的粉盒，都非常漂亮。这件文物就是将日常使用的小盒做成柿子的形状，釉色光润，小巧可爱。柿子成熟于深秋，霜降时节吃柿子，在万物凋敝时带给人们满足。柿子味道甜腻，在很多国家甜味都有幸福美好的意味。在我国传统文化中"柿"字谐音同"世""事"，寓意"事事如意""诸事大吉"。柿形小盒寓意美好，同时为生活增添情趣。

霜降　145

北宋　影青釉柿形盒
观复博物馆藏

方过授衣月，又遇始裘天

立冬

每年11月7日或8日，太阳黄经为225°，是为立冬。

《说文解字》解释："冬，四时尽也。"《月令七十二候集解》："冬，终也，万物收藏也。"冬的本义是终结，寒意大举袭来，世间万物要躲避寒冷的锋芒，呈收敛姿态，人们储粮越冬，动物入穴或冬眠。

《礼记·月令》是这样叙述立冬之际："是月也，天子始裘"。天子穿上皮毛制成的冬衣，以仪式昭告冬天已经来临。《吕氏春秋·孟冬》："立冬之日，天子亲率三公九卿大夫以迎冬于北郊。还，乃赏死事，恤孤寡。"古时立冬日，周天子要斋戒，并率群臣到郊外迎接冬季。回来后赏赐群臣过冬衣物，抚恤为国捐躯者的后人和孤寡之人。宋代《东京梦华录》则说："立冬前五日，西御园进冬菜。京师地寒，冬月无蔬菜，上至宫禁，下及民间，一时收藏，以充一冬食用。"今天物资丰富，冬日已不用大规模储菜。

物候：一候水始冰，二候地始冻，三候雉入大水为蜃。

立冬时水温已经降至冰点，土地也开始冻结。"雉"指野鸡类的大鸟，"蜃"是一种大蛤。立冬后，雉一类的大鸟因寒冷而出现频率减低，而此时恰恰到了蛤、蚌、扇贝等的收获季节，退潮后水边多见。由于大蛤壳的层层纹理与雉鸟羽毛的线条及颜色颇为相似，因此古人误认为雉鸟立冬后便藏入水中，变成大蛤。这当然又是古人充满浪漫神异色彩的想象。

时间过得这么快，陆游在《立冬日作》里感叹地说："方过授衣月，又遇始裘天。"立冬昭示着一年中最冷的季节正式到来，虽然冬天的寒冷不那么令人舒适，但亦有自己的特点和美丽。四季更迭，万物交替，都值得珍惜。冬日里，最宜沉淀一年积累，保暖养身，善自珍重。

马都督

马未都聊冬天
立冬

  北京的供暖每年 11 月 15 日开始，到次年 3 月 15 日停止，长达 4 个月。按说这时间够长的了，可每年到了立冬前后，室内温度偏低，坐久了就会很冷。这些年都是暖冬，天凉得迟，昨天都立冬了，可仍然阳光和煦，没有一点儿冬天的意思。早年这会儿正是排队抢购冬储大白菜的时候，白天寒风瑟瑟，夜里还得给白菜盖上棉被防冻，哪儿像这几年，冬天堪比南方。

  室内温度低，最简单的办法就是加衣服，一夏天穿单薄惯了，加厚衣服总觉不适，一犯懒就扛着，扛着扛着就感冒了，这些天感冒的人在增加，估计医院又要忙了。

  今天室内取暖有很多办法，空调、暖气，就是费点儿能源，对个人而言就是破费点儿电钱，对地球而言就是破坏点儿环境。人类短视，看得远也不愿看，于是心安理得地享受科技带来的温暖，把眼前的事情先办好。

  我的办公室这会儿也凉，但舍不得开空调，而是扛着，让身体逐渐适应冬季。家中的暖气前几年特热，最冷的天儿也得开窗透气，人在其中说不清舒服还是不舒服，去年（2017 年）暖气不热了，在家得穿毛衣，开始很不习惯，怨声载道，久了也习惯了，又觉得挺好，没了鼻子发干的感觉。

  其实最好的感觉是冬季的阳光房，阳光穿透大玻璃，室内温度适宜，又无人工加热的干燥，连花都愿意生长。我的阳光房有一棵文竹，夏天长得不咋样，天一冷却精神起来，新枝嫩芽，与宋代的仙鹤香薰缠绵悱恻，别是一番风韵。

立冬

霜繁脆庭柳，风利剪池荷。
月色晓弥苦，鸟声寒更多。
秋怀久寥落，冬计又如何。
一瓮新醅酒，萍浮春水波。

——唐代 白居易
《冬初酒熟二首》（节选）

立冬 | 51

　　北方秋季总是不长，一旦开始入冬，秋天的五颜六色就会被肆虐的冷空气吹落。庭院里的植物变得脆弱，残留的绿叶、黄叶、红叶已不见，只剩下干燥枯瘪的枝干等待来年的春天。

　　冬天来了。寒夜里，月亮仿佛被浸在冰水中，偶尔一两声鸟叫，更显得夜的凄冷。观复猫里傲世独立的马都督偏不被天气影响心情，既然不能改变自然气候，那就顺应四季，乐观以对。

　　马都督简衣素袍，取出一件五代执壶，烫一壶酒，举杯对月，对影三人，自得其乐。美酒温暖了身心，令寒夜也变得亲切而有韵味。正如李白所说："冻笔新诗懒写，寒炉美酒时温。醉看墨花月白，恍疑雪满前村。"几杯酒饮下，马都督一手执扇，一手托腮，陷入沉思。他眼中闪出光亮，嘴角露出微微笑意，想必是在心里作成了一首遥盼春天的新诗吧。自诩文武全才的马都督就有这种本事，无论何种境遇，都能用自己的气场撑起一方小天地。

猫馆长的节气文物
蚌壳镶金錾花凤鸟纹香盒

蚌是一种软体动物,外有硬壳保护身体。蚌可以产出美丽的珍珠,蚌肉可以食用,蚌壳也大有用途,比如我国太湖流域民居常用磨薄的蚌壳做成窗子,称为"明瓦"。蚌壳上多有丰富的颜色和花纹,有的很像鸟羽,因此被古人认为是立冬时的雉鸟所变。

此件唐代香盒即是一半为蚌壳,带有天然纹理;一半为金质仿蚌壳造型,并錾以凤鸟纹饰,设有卡扣连接。錾刻纹路细密清晰,一丝不苟,所刻凤鸟灵动欢欣,富贵喜庆。图案上方以联珠纹映衬,相得益彰。香盒设计巧妙,做工精致,实用性与艺术性完美结合,足以显现工匠娴熟的技术。唐宋时期香文化盛行,故香具种类繁多,材质各异,充分体现了这一时期人们高雅的生活情趣。

立冬

唐代　蚌壳镶金錾花凤鸟纹香盒
观复博物馆藏

雨为寒气薄，故凝而为雪

小雪

每年 11 月 22 日或 23 日，太阳黄经为 240°，是为小雪。

《月令七十二候集解》中说："十月中，雨下而为寒气所薄，故凝而为雪，小者未盛之辞。"《群芳谱》说："小雪气寒而将雪矣，地寒未甚而雪未大也。"天空中的水气遇冷凝结成飘落的雪。雪花多呈六角形，形状各异，如花朵盛开。还未到最冷的时候，雪也是轻柔的小雪。

物候：一候虹藏不见，二候天气上升地气下降，三候闭塞而成冬。

小雪节气，彩虹消失在人们的视野中，就像是因天冷躲藏起来了。古人对物候的感受与今人不同，古人把天气、地气与阳气、阴气联系起来，作为重要的现象表述出来。阳气上升，阴气下降，阴阳之气背向而行，没有交会，失去生机，导致万物凋零，闭塞成冬。

虽然天气寒冷，天地间肃杀之气弥漫，但是人们的日子依然要继续，并且越寒冷，越要寻找乐趣和温暖。踏雪寻梅，赏雪对诗，都是古人认为最风雅的事。唐代白居易有首小诗《问刘十九》："绿蚁新醅酒，红泥小火炉。晚来天欲雪，能饮一杯无？"寥寥几字，描绘出的情感和色彩都那么饱满。在小雪前邀约好友相聚，真的很暖。

对农事来说，此时的雪具有重要意义，既可以将害虫冻死，又可以为土壤输入养分和水分，厚厚的积雪还有保暖作用。老话说"瑞雪兆丰年"，一场及时的雪，预兆着未来的丰收。

杨家枪(上) 岳家枪(下)

马未都聊冬天
早雪

今年北京的雪来得早,纷纷扬扬,漫天飞舞,煞是好看。一天的大雪让北京所有的树都低下了头,不论绿叶黄叶还是红叶一律都被染白,连成一片,城市忽然间成了一幅水墨画。

幸好是周日,路上的车不算太多,没有可怕的堵车,所以大家的心情都还算好,享受难得的洁净清新的空气,见面寒暄过后,都对不期而至的大雪赞不绝口。

现代化城市中的人越发显得可怜,祈盼一切自然属性的物候。人类过去天天与自然打交道,也没见得珍惜。工业化文明曾是百年来的追求,改变了人类在地球上的布局,加快了人类城市化的进程。我们从欣赏浓烟滚滚的烟囱到厌恶其过分的污染,把它炸掉,满打满算不过50年光景。人类把自己制订的宏伟蓝图改了又改,还是不知所措地仰望蓝天,至今也未找到理想的答案。

我们本是地球上的一个物种,与其他物种区别不大,但我们妄自尊大地想主宰这个星球。我们想呼风唤雨,主观上想让地球在我们手中变得更好,变得更美丽,变得更合理。其实我们自己清晰地知道所做的一切都是徒劳的,仅是自我安慰而已。

我们已站在了人类文明的十字路口,到处亮着红灯,我们应该先停下来想想,我们要往何处去?下雪时,在一个十字路口,我想起了少年时最喜爱的一副对联:绿水本无忧,因风皱面;青山原不老,为雪白头。

小雪

晨起开门雪满山,
雪晴云淡日光寒。
檐流未滴梅花冻,
一种清孤不等闲。
——清代 郑板桥
《山中雪后》

小雪

杨家枪（左） 岳家枪（右）

  小雪节气，最应景的就是晚间下一场飘飘扬扬的小雪。为什么是晚间呢？因为晚间人们都在家中，可免去落雪寒冷之苦；且无人踩踏雪地，可以尽情营造洁白无瑕的冰雪世界。

  第二天一早，雪小了，满山满路的白雪覆盖，日光仍带着寒气。山寺屋檐上还存留着雪化后又被冻住的冰柱，反射着清冷的光芒。唯有红色的院墙和那些只在寒冬盛放的红梅，在冰天雪地中涂抹着一丝色彩，显得那么孤傲和美好。突然，红墙尽头的山寺院门"吱呀"一声开了，杨家枪身穿僧衣，手撑红色油纸伞，准备外出。一转头，看到了屋檐下身穿青衫白袍的岳家枪。岳家枪拢手而立，气定神闲，微微仰首，仿佛已被美好的雪景深深迷住。谁也不知道岳家枪什么时候站在这里，也不知道他站了多久。杨家枪与岳家枪都有一种神奇的感觉弥漫心间：明明从未谋面，却感觉已认识了一世。相貌相似，心意相通，这奇妙的缘分将如何展开？

猫馆长的节气文物

珐琅彩踏雪寻梅图碗（对）

　　1911年的辛亥革命，宣告了大清帝国的终结。进入民国时期，景德镇在陶瓷生产上发生了很大变化。首先是解放思想，摆脱了封建王朝的桎梏，长达200多年的清王朝时的传统制式与品种，在这一时期受到冲击。这时，新的思维与审美在陶瓷之都景德镇大出风头，出现了具有新特点的民国瓷器。

　　民国瓷器不乏细腻之作，比如这对珐琅彩踏雪寻梅图碗，胎体轻薄，瓷白如雪。碗身一周绘出白雪覆盖下的竹篱茅屋，修竹蜡梅，一人蓝衣红巾，持帚外出清扫雪径。构图舒朗，用色淡雅，人物衣着是整幅图中唯一的鲜艳色彩，映衬出白雪世界的美好静谧。小雪节气，瑞雪飘落，带给人间处处美景，也给了制瓷人灵感。

小雪

民国　珐琅彩踏雪寻梅图碗（对）
观复博物馆藏

积阴成大雪，看处乱霏霏

大雪

每年 12 月 6 日或 7 日，太阳黄经为 255°，是为大雪。

《月令七十二候集解》中说："大雪，十一月节，大者，盛也。至此而雪盛也。"大雪，顾名思义指雪更盛，积雪难化，天气也自然更加寒冷。

物候：一候鹖旦不鸣，二候虎始交，三候荔挺出。

鹖旦（音 hé dàn）其实是一种啮齿类动物"复齿鼯鼠"，又称"寒号鸟""寒号虫"。元末明初陶宗仪在《南村辍耕录》中提到寒号虫："五台山有鸟，名寒号虫。四足，肉翅，不能飞，其粪即五灵脂。"大雪时节，鹖旦不再鸣叫。老虎在此时开始交配，发情期间的叫声极其响亮。荔挺是一种兰草，寒冷冬月，万物处于休憩收敛的状态，唯有荔挺开始生长。

雪，作为一种自然现象，为历代文人雅士最爱的创作题材之一，仅唐诗中描写大雪的佳作就数不胜数。柳宗元说"孤舟蓑笠翁，独钓寒江雪"；元稹说"积阴成大雪，看处乱霏霏"；孟彦深说"江山十日雪，雪深江雾浓"；白居易说"夜深知雪重，时闻折竹声"；岑参说"忽如一夜春风来，千树万树梨花开"。

曹雪芹在《红楼梦》第四十九回里营造出一个"琉璃世界白雪红梅"。他写道："到了次日一早，宝玉……揭起窗屉，从玻璃窗内往外一看，原来不是日光，竟是一夜大雪，下将有一尺多厚，天上仍是搓绵扯絮一般。宝玉……出了院门，四顾一望，并无二色，远远的是青松翠竹，自己却如装在玻璃盒内一般。于是走至山坡之下，顺着山脚刚转过去，已闻得一股寒香拂鼻。回头一看，恰是妙玉门前栊翠庵中有十数株红梅如胭脂一般，映着雪色，分外显得精神，好不有趣！"这段描写让我们欣赏到 200 多年前的大雪美景。

南方有句俗语"小雪腌菜，大雪腌肉"，腌后喷香的菜肉，再来一壶烫好的黄酒，简单的日子有滋有味。

戴南瓜

马未都聊冬天
大雪

南方的大雪下了有十几天了吧,因为雪造成的如此麻烦与关注,在我的记忆里是头一回。雪不怎么老实,如果按常规下在北方,就是"千里冰封,万里雪飘",一幅美不胜收的北国风光,用不着政府这么劳神。

我对雪的记忆除去小时候上学踩着深雪吱吱作响外,就是1969年和1970年那两年在东北的日子。我待的地方是黑龙江省宁安县(今宁安市)东京城镇,在现代戏《智取威虎山》中,座山雕任命杨子荣所假扮的胡彪为"滨绥图佳保安第五旅上校团副",这个"滨绥图佳"外人听着如坠五里雾中,其实这是个地理概念:滨——哈尔滨,绥——绥芬河,图——图们,佳——佳木斯,看一下地图就知这四个地方是四个点,构成一片领地。

我就是在土匪座山雕曾经的领地里度过了少年时代的重要两年,见识了平生再未见过的大雪,领略了什么叫冷的极限,用一句话概括就是:冻得你意志崩溃!

东北的冬天雪是永远不化的,要一直等到春暖花开。道路上没人扫雪,更没人撒盐,全凭自生自灭。那时开防滑车是东北司机的小技,在松花江的冰面上风驰电掣也没警察管。

现在可好,大雪直奔南方,在北方倒成了稀罕物。2008年1月的新闻说,伊拉克巴格达下了100年来的第一场雪,那在咱江南下也就不算太离谱。

我身边的人有湖北的、安徽的、湖南的、江西的、贵州的、浙江的、江苏的,他们都有意无意地诉说家乡雪的状况,这让我感到社会已趋向大同,环球同此凉热。

大雪

大雪迷空野，征人倚远行。
乾坤初一色，昼夜忽通明。
有物皆迁白，无尘顿觉清。
只看流水在，却喜乱山平。

——宋代 蔡襄
《自渔梁驿至衢州大雪有怀》（节选）

大雪

大雪纷纷扬扬地从天而降，不见停歇，乾坤大地已经变成洁白一片，雪的反光让夜晚也有了亮度。放眼望去，无论山丘还是流水，都不见本来面目，一切杂乱都被掩盖了，白茫茫、空荡荡，让人产生迷离之感。唯有空气，因雪的清洗而变得冷冽清新。

一匹黑色战马打破了雪夜的寂静，疾驰而来。马上坐着大将军戴南瓜，身着冷硬铠甲，却不掩暖橘毛色。戴南瓜勒马而停，长长的毛发随风雪飘扬，回首间眸光如电，霸气侧漏，丝毫不在意风雪夜归的刺骨寒冷。

戴南瓜长相威武，刀刀眼的霸气秒杀众猫。南瓜幼时浪迹江湖，四海为家，见过世面，一身武艺。经过多年历练，他已成熟很多，平时温柔无害的模样迷住众人，但一有危难，顶天立地的男儿气概就喷涌而出。此时戴南瓜踏上征途，不惧风雪，亦只为心中不屈的信念。

猫馆长的节气文物
带皮色玉卧虎

从古至今，虎都被誉为"百兽之王"，是勇猛与力量的象征。虎的发情交配期一般在冬季，成为大雪节气的物候特征。虎的寿命为 20 年左右，属于珍稀保护动物。把自然界的动物作为神灵加以崇敬、祭拜，最具代表性的莫过于老虎了。东汉《说文解字》称："虎，山兽之君也。"东汉《风俗通义·祀典》记："虎者，阳物，百兽之长也，能执搏挫锐，噬食鬼魅。"虎在中国文化中不仅成为刚勇威猛、驱凶避邪的象征，有关虎的图腾崇拜和文化传说，更成为古人联系自然、祈福辟邪的最有影响力的文化现象之一。

此件卧虎为青玉质，带皮色。圆雕卧虎呈匍匐状，脊背起伏，虎纹灿然，长尾卷于身侧，看似静卧，实则随时可以跃起。工匠抓住老虎动静转换一瞬间的状态进行表现，手法十分高超。

大雪　169

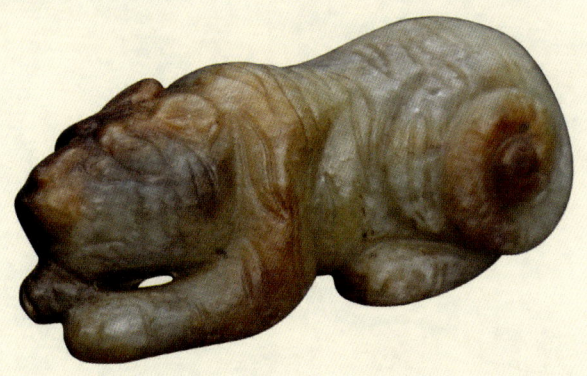

金代　带皮色玉卧虎
观复博物馆藏

阴极之至，阳气始生

冬至

每年12月22日前后，太阳黄经为270°，是为冬至。

《月令七十二候集解》中说："冬至，十一月中。终藏之气至此而极也。"冬至这天，阴气达到了极致，阳气要开始反弹。这一天北半球物体的影子最长；白天最短，黑夜最长。

古人将冬至看得很重要，认为是一个循环的开始，需要隆重过的节日，就像今天的春节，有"冬至大如年"的说法。周代以冬至为岁首过新年，《周礼》记载："以冬日至，致天神人鬼。"冬至要祭天地，拜祖宗。此后历代延续祭典，明清两代的冬至日，皇帝要到天坛举行祭天大典，即所谓的"冬至郊天"。

物候：一候蚯蚓结，二候麋角解，三候水泉动。

蚯蚓是阴曲阳伸的生物，虽然此时阳气上升，但积攒了许久的阴气仍然十分强盛，蚯蚓依然蜷曲成结。麋与鹿同科，古人认为鹿角朝前生为阳，麋角朝后生为阴，阴阳对峙则角解。因此夏至之时鹿角脱落，冬至之时麋角脱落。由于阳气开始回转，山中泉水不致结冰，可以流动起来。

冬至日要吃饺子，这个习俗起源非常早，至少在汉代时期，饺子就是人们喜爱的食物了，当时的名字叫"馄饨"。北齐《颜氏家训》里说"今之馄饨，形如偃月，天下通食也"，说明非常流行。民间传说饺子是医圣张仲景发明，本是用面皮包裹祛寒食材用来治病。因饺子形似耳朵，有说是为了避免耳朵生冻疮，于是后世流传"冬至不端饺子碗，冻掉耳朵没人管"的俚俗说法。

冬至还是数九寒天的第一天。《九九歌》流传甚广："一九二九不出手，三九四九冰上走，五九六九沿河看柳，七九河开八九雁来，九九加一九，耕牛遍地走。"大家哼唱着歌谣，算着日子，乐观地度过一年中最冷的日子。

王情圣（上） 大阿宝（下）

马未都聊冬天
冬至

  冬至的阳光洒在地上是最长的，穿过玻璃懒洋洋地抵达墙角，让墙角一年中也有一天能享受到日日可见的阳光。一个平常不被注意的墙角在这一刻亮了起来，让我有些诧异，它可能很快乐，只是我不知。

  斜铺在地上的阳光明亮温暖，赤脚踩在上面让冬天的寒气远去，舒服得很。夏天则不然，挤进房屋的阳光如蜇人一般，躲都躲不及的。我忽然觉得即使普照的阳光也未必公平，太阳的角度决定了阳光的质量，它越高，直射光线就越硬，它越俯下身子，光线就越柔和，所以古人说，冬日赖其温，夏日畏其烈。

  冬至在气象上是一个转折点，这一天北半球白天最短，黑夜最长，日子就显得珍贵。过去在黎民百姓眼中，冬至是个节日，宋代以后古籍记载很多，历朝历代都比现在重视。宋孟元老《东京梦华录》载："冬至京师最重此节，虽至贫者，一年之间积累假借，至此日更易新衣，备办饮食，享祀先祖，官放关扑，庆贺往来，一如年节。"关扑是一种以商品为诱饵赌掷钱财的赌博游戏，平日政府设禁，遇节开放，给百姓节日添一份乐趣。可惜中国人引进西历纪年后，这些传统陆陆续续都被丢掉了，残留的痕迹也就剩下冬至这天吃顿饺子。

  阳光移动得很快，屋中的光影任凭什么力量也留不住，它不顾及你的多愁善感走到极致，然后再慢慢回头。地处南回归线的太阳在这一天折返，又向我们靠拢，让我们在寒冷中知道珍惜，多了企盼。

冬至

罗浮村径一林霜,
飞入君家白玉堂。
向暖正逢长至日,
窥帘犹报隔年芳。
檐间鸟入琼瑶动,
席上风生笑语香。
东阁诗成称绝唱,
风流端不让何郎。

——明代 张家玉《谁园探梅》

冬至

王情圣（左）　大阿宝（右）

  冬至，一年中夜晚最长的一天，雪落无声，寒气袭人，唯有一枝蜡梅斜伸入户，吐露着清香。观复猫的室内燃起一只火盆，红红的炭火烧得正旺，一室暖意融融。大阿宝和王情圣席地分坐方案两侧。案上摆满美味菜肴，一壶清酒，一碟饺子。古话说"冬至大如年"，大阿宝和王情圣要好好过个冬至。王情圣饮酒微酣，双颊泛起晕红，这一年来的喜怒哀愁涌上心头，他絮絮地向好友大阿宝说起心事，说到动情处忍不住眼里闪着星星泪光。大阿宝则心平气和，倚靠凭几，侧身而坐，耐心地倾听情圣的诉说。阿宝生就风流俊俏模样，却偏以隐居为乐，心性淡泊。情圣的欢喜，阿宝平静接受；情圣的忧伤，阿宝温言宽慰。

  大阿宝和王情圣，一静一动，一宅一外，一专情一多情，性格不同，却偏偏是投缘的好友。冬至日的相聚，欢声笑语，低诉心曲，一醉方休，尽兴而归。

猫馆长的节气文物
铜透雕鹤鹿同春纹方手炉

冬至节气，天气愈加寒冷，迫使人们想办法寻找温暖。在没有暖气和空调的古代，古人的取暖装备尤其显得重要。尤其是南方，一到冬天非常阴冷，所以屋里不是放炭火盆，就是要使用暖炉。小型的暖炉叫手炉，在手里捧着取暖；大型的就叫暖炉，也叫脚炉，搁在脚底下取暖。

此件手炉即为清早期的富有人家所用，黄铜铸成，带提手，方形倭角，造型厚重。炉身四面均有开光，装饰茂盛林木，其中鹿与鹤悠闲自在，寓意"鹤鹿同春"。炉盖镂空，可以使炉内热气散出，亦装饰同题材纹样。好的手炉要做到"放置红炭而不烫"，意思是导热系数要控制得好，同时能延缓热度的衰减，长时间保温。

冬至

清康熙　铜透雕鹤鹿同春纹方手炉
观复博物馆藏

霜鹰近北首，雊雉隐丛茅

小寒

每年1月6日前后，太阳黄经为285°，是为小寒。

小寒节气标志着一年中最寒冷的日子来临。《月令七十二候集解》中说："十二月节，月初寒尚小，故云。月半则大矣。"虽然古人认为小寒"寒尚小"，但对照今天实际情况，大多数年份的小寒比大寒气温更低。

物候：一候雁北乡，二候鹊始巢，三候雉始雊。

冬至之后阳气上升，南飞过冬的大雁感受到阳气回转，开始慢慢往北方回飞。古人把大雁视作灵鸟，具有五德：仁义礼智信。《水浒传》中借宋江之口解释得清楚："空中遥见死雁，尽有哀鸣之意，失伴孤雁，并无侵犯，此为仁也；一失雌雄，死而不配，此为义也；依次而飞，不越前后，此为礼也；预避鹰雕，衔芦过关，此为智也；秋南冬北，不越而来，此为信也。"

喜鹊因名字中带"喜"，被视为吉祥之鸟。喜鹊感知阳气，开始冒着严寒筑巢，准备繁育后代。"雉"是一种野鸡，属阳之鸟，"雊"（音 gòu）是雉鸡鸣叫。小寒时节，雉鸡开始鸣叫。唐代元稹说："霜鹰近北首，雊雉隐丛茅。"

小寒时节，到了数九寒天的"三九"，三九四九冰上走，冰冻得非常结实，可以在冰上随意走动，可见寒冷之极。北方有"小寒大寒，滴水成冰"，南方有"小寒大寒，冷成冰团"的民间俗语。

每到这个时候，结冰的水面就成了嬉戏的乐园。大人孩子纷纷穿上棉衣，把自己包裹得严严实实，走上冻得瓷实的冰面，欢乐地玩起各种冰上游戏：滑冰、冰车、冰球、冰陀螺等。北京故宫博物院藏有一幅《冰嬉图》，生动表现了清代宫廷在冬至到"三九"时的冰上竞技和表演。

小二黑

马未都聊冬天

皴裂

北京最冷的冬天如约而至。早晨出门时添了一条薄如秋裤的毛裤,紧贴如肤,双腿顿时变得温暖无比。过去到了这个季节,棉裤棉袄是少不了的,穿上以后行动受碍,不甚方便,但在寒冷面前,这点儿妨碍不算什么。

小时候穿棉裤有个切身感受,就是脚脖子飕冷,冬天尚未过完,脚脖子就皴了。这疼虽不撕心裂肺,但也无时无刻不在提醒你。那时,几乎每个孩子都是这样,手与脚、面颊都有皴裂,涂多少油也未必见效。这时父母心疼,想办法根治。一到晚上,母亲就让我用热水浸泡,很多时候热水将皴裂处杀得疼痛难忍,孩子宁愿皴着,挨一天是一天,也不愿受这个罪。

记得母亲有个秘方,就是在浸泡透了以后,在皴裂处抹满猪油,在火上烤。今天的孩子听着这办法匪夷所思,有点儿像烤肉串、烤鸡翅,但我小时候真是这么治疗手背的皴裂。我清晰地记得蜂窝煤炉子红红的火眼,母亲让我最大限度地接近热源,说这样效果更好。可是脚脖子无法举在炉子上烤,只好抹油了事,忍到春天来临。可见手脚自古地位就不同,争也没有用。

写这篇小文时,我好像还能感到皴裂的那种丝丝疼痛,还能忆起肿胀暗红的脚脖子与手背;今天的边远地区的孩子们一定还有与我年幼时相同的经历,这让我惴惴不安。对人生而言,年幼时吃点儿苦会有益终生,虽然这么说,但我仍愿意天下儿童告别手脚皴裂,人生的历练中可以省去这一课。

小寒

客窗偏惜岁华残,
芦荻萧萧雪满山。
塞外风高鹰翮健,
阵前云起角声寒。
——明代 郑希良 《塞上》

小寒

小寒节气如约而至。在最冷的北地，草木萧瑟，风劲雪急，冰天雪地中难见生机。

一声凌厉明亮的雄鹰鸣叫声传来，打破了大雪中的寂静。天空中和地面上各有一团黑色影子快速移动，近了才能看清，一只矫健凶猛的雄鹰翱翔在天空中；而地面上，则是奔跑如飞的观复猫小二黑。小二黑身穿皮袄，头戴皮帽，黄莹莹的眼睛里闪出坚毅的光芒。二黑举起一只胳膊，手臂上戴着厚厚的臂鞲。雄鹰一个俯冲，利爪如勾，往主人胳上落下。鹰飞回落在主人胳膊上，非常容易抓伤主人，因此发明了臂鞲，起到保护作用。

小二黑是一个威武雄壮的北方汉子，打小就独自闯荡江湖，天不怕地不怕，经历各种风霜雪雨的考验，成长为身体强壮、武艺高超、有勇有谋的男儿。鹰是最勇敢的禽鸟，小二黑是最勇敢的猫，他们不惧北方塞外的冰天雪地，一猫一鹰自在享受着冷冽冬天的乐趣。

猫馆长的节气文物
绿釉双雁纹盒

雁,在古人心目中是仁德之鸟。鸿雁为候鸟,冬去春来,按时往返,小寒时节开始向北回飞。古人认为大雁能传递信息,传达情感,即所谓"鸿雁传书"。大雁还是爱情的象征,成双成对,从一而终。一旦配偶死去,另一只雁将孤单终身,不会再找别的伴侣。金代元好问流传千古的名句"问世间情为何物,直教人生死相许",说的就是大雁。

辽代为游牧民族所建,对动物的感情远胜于农耕民族,所以器物上会更多出现动物纹饰。这件瓷盒满施绿釉,盒盖外侧饰一圈金钱锦地纹,花瓣联珠纹框出圆形开光,中心珍珠地上刻出两只芦雁,雁翅舒展,曲颈向上,张嘴长鸣。双雁首尾相接,互动翩飞,真是深情款款的一对佳偶。

小寒

辽代　绿釉双雁纹盒
观复博物馆藏

大寒宜近火，无事莫开门

大寒

每年1月20日前后，太阳黄经为300°，是为大寒。

大寒在二十四节气中压轴出场。《月令七十二候集解》中说："大寒，十二月中。解见前（小寒）。"清代大型官修农书《钦定授时通考·天时》中引用《三礼义宗》说："大寒为中者，上形于小寒，故谓之大……寒气之逆极，故谓大寒。"唐代元稹说："腊酒自盈樽，金炉兽炭温。大寒宜近火，无事莫开门。"给人们描绘了一个冬日指南：外面太冷，还是宅在温暖的家里最舒服。虽然非常寒冷，但物极必反，盼望的春天已经不远了。

物候：一候鸡乳育，二候征鸟厉疾，三候水泽腹坚。

鸡是最常见的家禽，古人认为鸡得了阳气会产蛋，符合大寒时节阳气继续上升之意。征，伐也，杀伐之鸟，乃鹰隼之属。凶猛的鹰隼为了度过严寒冬日，忙于捕食，动作迅猛疾厉。此时流水成冰，不仅水面，上下都结成牢固的冰，"腹"指的就是水层深处。"冰冻三尺非一日之寒"，可想而知冬日已久。

大寒时候，腊八节登场了。早在宋代，腊八这天就有喝腊八粥的习俗，人们用各种米、豆、红枣、花生、莲子等食材，熬煮出香甜美味的粥，好喝还养生。此外，北方地区还要做腊八醋，泡腊八蒜，别有风味。

腊八过后春节到。春节是中国人最重要的节日，从年前忙到年后，民谣说得详细："二十三糖瓜粘，二十四扫房子，二十五冻豆腐，二十六去买肉，二十七宰公鸡，二十八把面发，二十九蒸馒头，三十晚上熬一宿，初一初二满街走。"春节是最快乐的节日，合家团圆，欢聚一堂。热闹喜庆的气氛驱走了冬日的严寒，也为最后一个节气增添了重要内容。

大寒过后，新一轮二十四节气开始了，春天就要来了。

郑小墨(上)和小幺(下)

马未都聊冬天
寒冷

今年冬天北京特别冷，一场大雪过后，气温骤降，新闻说是40年来北京的最低气温，零下16.7℃。就在这最冷的日子里，我却去了哈尔滨，看冰灯，参加一年一度的冰雪节。哈尔滨的朋友告诉我，今年哈尔滨也比往年冷，按他们的话说叫嘎嘎冷。

朋友们知道我们平时是不备御寒行头的，特地为我们一行买了防寒的鞋、裤与外衣，一人一套，穿戴整齐后行动略感不便，腿打不了弯，自我感觉一副要登月的模样。

对于东北的寒冷我是深知的。1969年和1970年整整两年我是在黑龙江度过的。那时为了建设边疆，去时把户口都迁了过去，所以一直至今天，我的户口本上都清晰地写着"1971年2月由黑龙江省宁安县迁入本市"。如果那时毛主席再发个什么号召，备不住我就扎根黑龙江，如今就是个"闯关东"的北京人。

所以，我对东北不仅有感情，还有记忆。记忆中最为清晰的就是天寒地冻，极其寒冷。40年前的冷那才叫冷，一是气温比现在低，零下三四十度稀松平常，二是当时的人饮食单一，御寒的内在能力弱。表述寒冷最准确的话是"冻得人意志崩溃"，我就曾不止一次被冻得意志崩溃，在寒冷的无奈中突然开始害怕，那种恐惧感只有亲身经历过才能体会。

这次去哈尔滨我事先给同行者打预防针，告诉他们冷是怎么一回事，可谁知由于一身御寒行头，满身多余的脂肪，让每个人都没有感觉到我所说的寒冷，这让我有些沮丧。一路上我老说不够冷，令哈尔滨的朋友诧异不已，不知我是何目的。

观复猫：我们的二十四节气

大寒

风前火烈逢真玉，
雪后大寒见老松。
携得此心归北去，
与君无处不相逢。
——宋代 邹浩
《留别兴安唐叟元老推官》

大寒

郑小墨（左）和小幺（右）

和小幺和郑小墨是一母同胞的亲兄弟，一个纯白，一个纯黑，令人感叹造物之神奇。兄弟俩从小就在一起，从未分开，感情极深厚。小幺喜静，小墨喜动；小幺避世，小墨亲人。

大寒节气里，雪深霜重，已无一片叶子的枯枝被染成白色，倒是具有另一种冷冽的美。和小幺和郑小墨兄弟俩化身少年侠士，准备在此刻暂时分别，各自孤身去闯荡那广阔而充满挑战的江湖。兄弟俩约好明年的大寒这天在此地相见，一年时间不长，也只是二十四节气的轮回。

和小幺身穿白衣，通体洁白，似与雪地融为一体，更显得湛蓝的双眼美如流星。他手持的竹笛，既是独处时自娱的乐器，也是遇敌时的兵器。郑小墨身着黑衣，外披黑色斗篷，腰间一把锋利宝剑，金黄色的眼睛炯炯有神，浑身洋溢着少年侠士无畏之气。此地一为别，孤蓬万里征。时间和距离，都不能隔断兄弟俩对彼此的牵挂。

猫馆长的节气文物

铜胎画珐琅人物纹四方火锅

大寒节气里,春节来临了,全家团聚在一起吃顿饭是最重要的事。要说现在全国无论南北方,涮火锅算是非常受欢迎的一种聚餐方式。火锅最早就是将食物投入沸水,烫熟食用,既方便,又能保持热度,至今已发展成口味多样、老少皆宜的美食。

传说清代乾隆皇帝就非常喜欢吃火锅,当时举办"千叟宴"时就用上千个火锅来招待赴宴之人。观复博物馆所藏一件清代铜胎画珐琅火锅,四方造型,锅盖设两个提手,中心有放置炭火的炉筒。火锅通体珐琅彩绘,四周及锅盖面均画有锦地开光,开光内为花鸟纹和山水人纹。造型端正,装饰华丽,可见清代中期生活富足。

大寒

清中期　铜胎画珐琅人物纹四方火锅
观复博物馆藏

后记

"二十四节气"是中国人很细腻的表达,我们把春、夏、秋、冬划分成24个变化,就叫节气。"节"就是节点,"气"就是气候。2016年11月30日,"二十四节气"被正式列入联合国教科文组织人类非物质文化遗产代表作名录。

按科学的说法,地球围绕太阳公转的一个周期为365天,在黄道上每运动15°到达一个节点,一共24个节点完成一个轮回。二十四节气就是根据太阳所到达的这些位置而制定的气候规律。

中国是农耕社会,在此基础上生发了农业文明。古时农事要注重气候变化,顺应稼穑规律,二十四节气等于是一个准确的时间表,告诉人们何时播种,何时收获。聪明而敏感的古人认真观察每个时间节点的特征,一年四季,寒来暑往,雨雪风霜,动物植物,将其中的变化总结出来,赋予每个节气三个阶段的变化,称为"七十二物候"。我们通过物的变化,感觉气候对应的变化。

《红楼梦》里薛宝钗讲到冷香丸的做法时说:"要春天开的白牡丹花蕊十二两,夏天开的白荷花蕊十二两,秋天的白芙蓉蕊十二两,冬天的白梅花蕊十二两。将这四样花蕊,于次年春分这日晒干,和在药末子一处,一齐研好。又要雨水这日的雨水十二钱,白露这日的露水十二钱,霜降这日的霜十二钱,小雪这日的雪十二钱。把这四样水调匀,和了药,再加十二钱蜂蜜,十二钱白糖,丸了龙眼大的丸子,盛在旧磁坛里,埋在花根底下。"

春夏秋冬,节气物候,浓缩成一颗珍贵的"冷香丸",也浓缩了二十四节气的一次轮回,《红楼梦》中的文学表达令人印象深刻。

后记

此次邀请观复猫天团的诸位猫馆长,精彩演绎"二十四节气"。史上最有文化的猫馆长惊艳亮相,以或美丽,或霸气,或热情,或呆萌的造型,结合二十四节气中的气候、物候、风俗等特征,给观者带来不一样的文化体验。

愿大家读书快乐!

观复猫

 理事长 花肥肥	 常务理事 黄枪枪	 秘书长 花飞飞
 学术馆长 蓝毛毛	 宣传馆长 马都督	 安保副馆长 小二黑
 馆员 岳家枪	 馆员 布能豹	 馆员 庄太极
 馆员 黄小仙	 馆员 程两两	 馆员 韩昏晓
 馆员 和小幺	 馆员 苏二花	 馆员 大阿宝
 馆员 孟大咖	 馆员 左罗罗	 荣誉馆长 黑包包
 馆员 杨玉环		

猫馆长呼吁：

用领养替代购买，让生命不再流浪！

花 名 册

● 男喵　● 女喵　● 去喵星

 运营馆长 麻条条
 接待馆长 金胖胖
 营销馆长 云朵朵

 纪检副馆长 戴南瓜
 宣传副馆长 王情圣
 馆员 李对称

 馆员 花荣荣
 馆员 谢鸳鸯
 馆员 宋球球

 馆员 郑小墨
 馆员 杨家枪
 馆员 苏格格 

 馆员 牛魔王
 馆员 令狐花
 馆员 杜拉拉

 馆员 苏三三
 馆员 令狐瞳
 馆员 段花花

观复猫礼

观复猫财神保温杯

观复猫理事长花肥肥化身猫财神，率领观复猫给大家增福。红银和黑金两款配色，携带轻便，保温持久，寒冷的日子带来更多温暖。

杯身高度：大款 22 厘米　小款 18 厘米
杯口宽度：大款 4.5 厘米　小款 4.5 厘米
容量：大款 480 毫升　小款 350 毫升

观复猫小奶猫零钱包

观复奶控麻条条
举着奶瓶小脚翘
蜂蜜牛奶真诱人
喝的条条眯眼笑

宽度：10.4 厘米　高度：15.4 厘米

观复猫沙丁猫零钱包

观复鲜肉布能豹
化身海军可爱爆
沙丁罐头好美味
惹得豹豹喵喵叫

宽度: 11.4 厘米　高度: 15.2 厘米

尺寸：宽4厘米/4.5厘米

观复猫纸胶带

观复猫系列纸胶带，图案可爱，颜色绚丽，造型各异。
可以广泛使用，灵活搭配，给生活带来无限的想象和活力。

观复猫节气马克杯

史上最有文化的观复猫，
古风扮相完美演绎"二十四节气"。
神秘妩媚谢鸳鸯，温柔可人黄小仙。
日日饮水知冷暖，节气变化总相伴。

宽度：8.5厘米（不含杯把）　　高度：9厘米